SURTOUT NE ME DESSINE PAS UN MOUTON

Du même auteur

LA PREMIÈRE HABITUDE, Pauvert, 1974, J'ai lu, 1992.
L'OR DES CHAMBRES, Pauvert, 1976, J'ai lu, 1989.
LE BOUT DU COMPTE, Pauvert, 1977, J'ai lu, 1978.
MORTEL AZUR, Mazarine, 1985, J'ai lu, 1992.
LE PETIT PRINCE CANNIBALE, Actes Sud, 1990, J'ai lu, 1991.
BLANCHE, C'EST MOI, Actes Sud, 1993.
LA GROSSE, Actes Sud, 1994.
HERMINE, Stock/Jean-Jacques Pauvert, 1994.

Françoise Lefèvre

Surtout ne me dessine pas un mouton

suivi de

Mon cerveau

par Julien-Hugo

Jean-Jacques Pauvert
Stock

Quand on perd l'équilibre,
on perd son ***ROYAUME***

dit par Julien-Hugo
en bas de l'escalier, quand il avait cinq ans,
mon fils, à qui je dédie ce livre

ainsi qu'à mes filles,
Olivia,
Rebecca,
Hermine,

à mon petit fils,
Merlin.
En souriant.

A Christiane et Jean-Jacques Pauvert,
en reconnaissance.

Du silence à la parole

Dans ma vie, j'y suis et je n'y suis plus.

C'est seulement aujourd'hui que je prends la mesure de l'énergie déployée pour toi, Sylvestre. L'autisme chez un *très jeune enfant* peut être comme un état de grâce. Voilà pourquoi on ne s'en inquiète pas sur le moment. Ta singularité, je l'ai aimée. J'ai aimé ton silence. Tu as été un concentré d'énigme et de silence. Si petit, la force que tu employais à te taire, à ne rien manifester, à ne jamais imiter, ni sourire, était inouïe. Assis à même le sol, apparemment sans rien voir autour de toi, ni entendre, des heures durant, tu t'appliquais à faire tourner un objet rond de plus en plus vite, de plus en plus fort. Moi, je tournais autour de toi comme un anneau de Saturne autour de sa planète. Je tournais autour de ton énigme. Tu ressemblais à un petit Bouddha silencieux. Mais tout changeait quand je devais t'interrompre pour te nourrir, te baigner, te promener. Simplement te toucher, te parler, t'appeler par ton prénom provoquait un cataclysme dont je ne savais plus comment me protéger. Tu voulais arracher ta peau. Tu tirais sur tes vêtements, tu tirais sur tes pieds, disant qu'il fallait les couper, tu te griffais le visage. Tes hurlements te défiguraient. Sous mes yeux, comme dans un film d'horreur, tu te métamorphosais en gnome vociférant. Alors oui, je préférais quand tu étais silencieux, car vois-tu, le silence pour un écrivain... Le silence est une résurrection... Il me permettait d'écrire. Mais si j'étais allée à la recherche de mes propres mots, je n'aurais pas pu t'aider à extraire les tiens. Il fallait que j'abandonne ma langue pour entendre ton silence. Il fallait que je renonce à la tentation d'écrire. Je dis tentation en pensant à celle du désert. Tentation d'aimer. Tentation de mourir. Au fond, nous sommes un peu semblables toi et moi avec nos mots enfouis. C'est la même douleur pour aller à leur recherche. Plongée en apnée où je ne lâcherai pas ta main.

Abandonner l'écriture est sûrement ce qui m'aura coûté le plus, car vois-tu, quand on écrit, on est délivré de tout. Il n'y a plus ni terre, ni ciel. On est avalé par l'azur, le vent, le feuillage, les trilles d'un oiseau, le rubis d'un vin. On est là et on n'y est pas. Je ne connais rien de comparable à cet état. Absolument rien. Ni l'amour. Ni le deuil. Ni la faim. Ni la soif. Ni le désir. Ni l'absence. Ni la douleur. Cet état d'écrire, je peux seulement le comparer à ce que j'ai décelé dans ton autisme durant ces cinq ans où j'ai renoncé à l'écriture : Rêverie bloquée. Image hurlante figée. Le vrai langage reste *intérieur*. Impossible de le sortir par la bouche, de l'articuler, il doit suivre un cours mystérieux, à la manière d'une rivière souterraine avcc ses tourbillons, ses méandres, ses siphons. Eau rapide à l'extrême. Bouillonnante et dangereuse. Terriblement retenue, endiguée, enfermée. On pourrait dire emprisonnée, comme la parole de beaucoup d'autistes. Il faut un point de résurgence. Et résurgence va avec ressuscité. Or le langage, la communication ne passent pas forcément par la voix parlée ou le geste. Encore moins la parole sociale.

Il y a une souffrance à se taire, mais parfois une souffrance *encore plus grande* à parler.

« *Je suis bien dans ma tête* » me disais-tu à six ans. « *Je veux y retourner pour continuer mon rêve. Je ne veux pas qu'il s'arrête.* »

Les mots du songe, les mots qui servent l'écriture ne sont pas ceux convenus par les autres. Faire naître cette parole, donner à entendre sa tonalité singulière quand on est débordé par elle au point d'en être malade, voilà une manifestation confisquée, on peut le dire, au berceau. Assassinée dès le jardin d'enfants. Interdite à l'école.

Au sein des institutions, il n'y a de place nulle part pour *la voix singulière.*

Aucune institution psychiatrique, aucun centre « spécialisé », aucun maître d'école, obligé lui-même d'appliquer un programme criminellement chargé et largement imbécile, ne peut aider à la naissance de cette parole unique, donc différente. On ne lui en donne pas les moyens. Le premier impôt de la vie, c'est la confiscation du rêve. L'abandon fait à la collectivité de la parole silencieuse. De la voix intérieure. Du songe. Castration radicale.

LE PREMIER IMPÔT À LA SOCIÉTÉ, C'EST DÈS LE JARDIN D'ENFANTS, LA CONFISCATION DU SONGE ET DE LA SOLITUDE.

On a, paraît-il, de moins en moins d'enfants. Pourtant jamais il n'y a eu plus forte concentration dans les classes, plus de violence, plus de pollution sonore.

Je me souviens. Quand tu as eu dix-huit mois, j'ai accepté les conseils venant de tous côtés. J'ai consulté en pédo-psychiatrie. Je ne voulais pas qu'il soit dit que j'étais bornée. Très vite, je me suis rendu compte à quel point les médecins, le personnel soignant étaient démunis. Si j'entrais dans leurs plans, abominablement flous, j'ai compris que nous allions être foutus, c'est le mot. Comme si témoin d'une noyade je restais là, à ne rien faire. C'était la même urgence. J'ai mesuré le temps qu'ils allaient nous faire perdre, avec leur manque de foi, d'énergie et d'amour, leurs paperasseries, leurs non-dits, leur façon de distiller la culpabilité. Alors, rage de vaincre, rage d'amour, goût du défi, opposition, j'ai senti comme un tremblement de terre sous mes pieds. En un éclair, j'ai vu aussi ce qu'il me faudrait abandonner pour aller à ta rencontre : presque tout ce que j'aime faire dans l'existence. Me revenait en mémoire un titre de livre en anglais, que je n'ai pas lu : – *Yes, I can* – de Sammy Davis Junior. La bande annonce précisait : *Juif, noir et borgne.* Je me sentais exactement dans cette peau-là. Brebis silencieuse. Traînant partout son agneau à cinq pattes. Je hais la normalité.

J'aurais pu te laisser dans ton silence, puisqu'il m'apaisait. Quoi de plus merveilleux qu'un enfant silencieux pour quelqu'un qui passe beaucoup de temps à écrire. Très vite on m'a fait comprendre que cette absence de parole n'était pas normale. Je répondais : « Il réfléchit, je sais qu'il réfléchit. » Un temps, je t'ai considéré comme un enfant élu, dépositaire d'un secret. J'ai pensé qu'il ne fallait pas que je le dise. Encore moins que je l'écrive. Car bien entendu dans les doctes chuchotements en aparté, il y avait comme une idée bien arrêtée concernant ton état. Tu entrais dans une classification.

Alors, toi, c'est avec un amour enragé que je t'ai empoigné. Une sorte d'entêtement sauvage, à la mesure de ce que j'allais perdre : MA LIBERTE.

Pour aller à ta rencontre, j'ai cessé d'écrire. Comme la sirène du conte d'Andersen, j'ai abandonné ma langue. J'ai laissé ma voix. C'était le prix à payer. Cette énergie, ce fluide, qui nourrit la page blanche, il fallait te le donner. Une fois débarrassée de mon désir d'écrire – on peut parler de pulsion tant le besoin d'écrire est impérieux – je suis allée à ta rencontre, sachant à QUOI j'avais renoncé. Il s'agissait d'un échange. J'abandonne l'écriture. Mais tu viens à moi. Je renonce à ma peau d'écrivain. Je renonce aux mots. Je donne ma langue. Mais TU VIENS A MOI.

Le jour où j'ai décidé de te remorquer, j'ai éprouvé un véritable coup de foudre pour toi. Une brusque secousse du sang, une folle affluence du sang dans les tempes, dans le ventre. Un embrasement. J'étais en état de choc, d'amour fou. Non à la marée noire et gluante, à l'écoulement fade des jours, à l'écœurante tiédeur, au défaitisme, aux dogmes psychiatriques. Non à l'imposture. Non à la saloperie du monde. Il y en a qui partent loin sauver des enfants. Moi, j'en ai un à tirer des sables mouvants tout de suite. Il me faudra tout lâcher. Mais je vais vivre une formidable histoire d'amour. Loin de la tiédeur. La fadeur. La lourdeur. La pesanteur. Loin du malheur. Je vais t'apprendre à sourire, mais je vais aussi m'opposer à toi avec la même violence, le même acharnement que tu mets à te taire. Si je te laisse dans ton silence, je te condamne. Pourtant j'aime ton silence. Je suis bien dans ton silence. Quand je t'assois à côté de moi, tu ne bouges pas, tu ne réclames rien, tu tournes un objet pendant des heures. Si je te laisse faire, si je ne t'interromps pas, tu es calme. Tu ne cries pas. Je suis bien. J'ai la paix pour écrire. Moi aussi, je peux *retourner dans ma tête.* Je peux retrouver mes pensées dont le cours est si souvent interrompu. De la sorte, j'ai même pu écrire un livre : *Mortel Azur.*

Je n'avais pas compris que le trop grand calme chez un tout petit, auquel rien, jamais, ne semble manquer pourvu qu'on le laisse tapoter, ou tourner un objet toute la journée, était un des signes de l'autisme précoce. Quand on a eu des enfants turbulents, c'est presque réconfortant un jeune enfant qui ne bouge pas. On le pose là, et il ne bouge pas. Des heures durant, il ne bouge pas. Il semble n'avoir besoin de rien. On se dit que celui-là est vraiment sage. On est juste irrité par les cris qu'il pousse quand on l'interrompt dans son activité préférée : tourner les petites roues de ses jouets. Il crie aussi quand on s'adresse à lui. Il se débat comme un diable quand on veut le prendre dans ses bras. Une chose aussi qu'on remarque : il ne sourit pas, il ne répond pas, il ne vous regarde pas. Jamais il n'imite. Si vous insistez, si vous faites tous ces gestes avec les mains que les bébés adorent reproduire généralement, il se met en colère. Vous vous dites qu'il doit avoir un fichu caractère ou une sacrée personnalité, si petit, pour manifester autant de courroux quand il est dérangé. Mais pourquoi ne sourit-il pas ? Pourquoi ne tend-il pas les bras ? Ce n'est sûrement pas un tendre celui-là. Et puis, c'est votre premier garçon. Vous avez déjà deux filles. C'est peut-être ainsi les garçons. Après tout vous ne les connaissez pas. Tout le monde vous dit qu'ils sont moins dégourdis que les filles, qu'ils marchent plus tard, qu'ils parlent plus tard. Qu'ils sont pataudS. Vous verrez bien. Pour l'instant, c'est juste les cris qui vous font du mal. Au fond, il aime qu'on lui fiche la paix. C'est ce que vous faites. Vous l'asseyez près de vous sur une couverture dans un rayon de soleil qui tombe sur le plancher. Vous lui donnez quelques jouets. Tout de suite, il choisit ceux qu'il pourra tourner. Vous lui dites des petits mots d'amour. Il ne semble pas les entendre. Vous savez qu'il n'est pas sourd. Vous lui avez fait subir un examen de l'oreille : une audiométrie. Vous rampez devant lui pour essayer de capter son regard. Ce troublant regard tourné vers l'intérieur. Comme s'il y avait toujours un écran entre lui et vous. Vous avez l'impression qu'il est derrière une vitre d'aquarium. Vous passez la main devant ses yeux. Il ne cille pas. Ce regard vous l'avez déjà vu quand vous nagez avec vos enfants dans une piscine et que pour vous dire bonjour ils gardent les yeux ouverts au fond de l'eau. C'est un étrange regard. Alors comme vous ne captez pas ses prunelles, vous l'embrassez, vous lui dites son prénom. Il pousse un cri épouvantable. Vous ne savez plus quoi faire, vous pensez que le mieux, c'est de le laisser tranquille. Vous vous en voulez un peu de l'avoir sollicité. Peut-être qu'il réfléchit. Parfois vous avez l'impression qu'il n'a pas envie d'être un bébé. D'ailleurs, à certains moments, on ne dirait pas un bébé. Il est tellement hermétique, il a tellement l'air concentré et de suivre une pensée intérieure, qu'on dirait un petit Bouddha qui médite. Oui, on dirait qu'il suit le cours d'une pensée. C'est un énigmatique petit bonhomme. Presque intimidant. Vous osez à peine lui sourire. Désormais, vous essaierez de le contrarier le moins possible. Vous respecterez son silence.

Vous retournez à votre table de travail. Vous avez un livre à terminer.

l'incroyable énergie avec laquelle résiste l'enfant quand on le laisse bien tranquille dans sa bulle? ATTENDRE mène à un vrai crime : l'enfant un jour a six ans. Les parents qui ont « attendu » se trouvent devant un être monstrueux de résistance, insupportable d'opposition. Il ne pourra pas aller à l'école. Il ne pourra aller nulle part sans provoquer des réactions de rejet. Brusquement toute vie sociale avec lui ressemble à un parcours dans un champ de mines. A chaque instant, on peut sauter. Il ne fallait pas attendre six ans, il ne fallait pas écouter les bons conseils de ceux qui n'ont jamais passé une journée entière avec un enfant autiste. Ceux qui vont de colloques en séminaires, n'ont souvent qu'un savoir livresque et ne s'exposeraient jamais aux féroces tête à tête qui sont le lot des parents. Des mères surtout. IL FAUT ANTICIPER.

Je me suis sentie comme dans une ville assiégée. Je voulais vaincre et surtout ne pas abandonner à d'autres ce que je considérais déjà comme une histoire d'amour, une aventure hors du commun avec mon enfant. Parfois, je me suis retrouvée les poings serrés, avec une exaspération contenue, douloureuse, devant l'anéantissement de mes désirs, de mes plaisirs les plus élémentaires. J'avais l'impression que je ne m'en sortirais jamais. Toute cette vie perdue. Les saisons qui se succèdent et on ne les voit plus. L'amour. Le renoncement à tout, le renoncement à écrire. C'est comme si on avait choisi un sommet beaucoup trop haut à gravir et que la nuit et le gel arrivent, qu'on dévisse soudain, pour retomber plus bas, toujours plus bas, jusqu'au fond d'une crevasse où la mort est blanche comme est blanche de silence la vie de l'enfant que rien ne doit déranger dans sa bulle.

Laissons de côté l'amour qui fait peur à trop de monde, qui fait ricaner ou provoque des malentendus. Certes l'amour n'est pas suffisant ou alors, il faut qu'il soit enragé. C'est surtout avec ma sensibilité d'écrivain que je t'ai ENTENDU. Cette sensibilité-là, cette identité, cette particularité qui justement furent niées, bafouées dans mon enfance, dès l'école, institution aveugle et bornée incapable de reconnaître et d'accepter la DIFFÉRENCE. Comme au sein de la plupart des familles d'ailleurs, confortées par la « normalité ».

Certains médecins dépassés par l'autisme, continuent à maintenir parents et enfants dans une totale ignorance, assenant des diagnostics erronés, traçant à leurs patients une vie qui ne sortirait pas de l'hôpital de jour et des institutions dites spécialisées. Attendons!... Attendez!... Alors qu'un diagnostic précoce permettrait la mise en œuvre, l'accompagnement spécifiques dont ces enfants ont besoin et surtout informerait leurs parents si souvent tenus à l'écart par des têtes hautement pensantes mais peu agissantes. Les six premières années sont capitales. Entre deux et cinq ans surtout, les petits autistes mettront toute leur énergie à bâtir d'extraordinaires résistances. Ils élèveront de véritables remparts pour se protéger du monde extérieur, ils développeront toute une série de gestes stéréotypés – balancement du corps, agitation des mains, mimiques grimaçantes – qui ne dérangera pas trop tant qu'ils sont de petits enfants, mais s'aggravera quand ils grandiront rendant leur fréquentation et surtout leur intégration difficiles.

Au lieu de penser que leur « forteresse est vide », comme l'a prétendu Bruno Bettelheim, j'ai toujours imaginé qu'ils possédaient quelque chose en *plus*, et non en moins, comme un trésor caché au fond d'eux-mêmes, que ce trésor était fragile et qu'ils n'avaient aucun moyen de le faire savoir, de le traduire, de l'exploiter. Car enfin, qui donne les moyens aux enfants – a fortiori, à ceux qui s'éloignent de la normalité –, qui, au sein des institutions, leur permet de s'exprimer, c'est-à-dire de donner libre cours à leur imaginaire en inventant, en créant, ne serait-ce qu'une souvent la crainte d'être mal comprise, de ne pas trouver les mots justes. Ecrire, c'est libérer un élan contenu. Dire ce qui est impossible à communiquer au long des jours ordinaires de la vie. C'est faire entendre sa voix. C'est transmettre quelque chose comme un concentré d'essence ou les signes cachés dans une pierre. Ecrire c'est être *reconnu* dans sa différence, dans ses particularités.

Si je t'ai comparé au petit prince de Saint-Exupéry, c'est parce que tu lui ressemblais beaucoup. A cause de l'énigme que tu représentais. Comme pour maintes personnes de ma génération, ce livre a enchanté mon enfance. A cause de ton étrangeté, il m'était naturel de t'associer à ce petit personnage. Mais aussi, parce que après des heures passées ensemble à ne rien dire, surtout ne rien TE dire, des heures à ramper comme toi, à me vautrer là où tu te vautrais, à marcher sur les mêmes carreaux dans la cuisine, les mêmes lames de plancher, en promenade, à suivre les traces que tu faisais avec un bâton, sans te regarder, surtout ne pas TE regarder, j'avais l'impression de mettre un pied sur une autre planète. Ta planète. Si je faisais exactement ce que tu voulais, te suivre comme une ombre, sans TE parler, sans TE regarder, sans commenter, j'avais accès à toi. Tu étais à l'écoute de vibrations, de sensations répétitives, que nous avons perdues. Tu faisais d'étranges gestes avec tes mains, les agitant devant tes yeux de plus en plus vite, puis tu courais dans un sens, t'arrêtant brusquement contre un arbre, un mur, une barrière, essayant d'attraper quelque chose d'invisible ou tournant sur toi-même en te bouchant les oreilles. Te suivant de la sorte, j'étais un peu dans la peau d'une ethnologue. Comment communiquer avec une peuplade perdue au fond de l'Amazonie, si tant est qu'il en existe encore ? Sans doute en partageant la vie de ses indigènes. Les autistes sont comme un peuple oublié. On ne peut les comprendre que si on entre dans leur monde. Ils ont beaucoup à nous apprendre. Ils ont surtout à nous restituer des pans entiers de notre enfance perdue. Des lumières. Des éblouissements. Des terreurs enfouies.

S'engage pourtant un combat sans merci rempli de larmes et de violence où celui qui gagne est souvent l'enfant. Tout être qui s'est essayé à cette guerre d'usure, a pu mesurer sa propre résistance face à l'opposition d'un tel enfant.

La plupart des parents ne peuvent pas prendre leur enfant autiste en charge. Souvent parce qu'ils s'aperçoivent bien trop tard de leur handicap, généralement vers cinq ou six ans, l'âge de l'école obligatoire. Les malheureux traînent alors de consultations psychiatriques en traitements inadaptés. D'hôpitaux de jour en séances d'orthophonie. Rarement quelque chose de clair leur est dit. J'ai vu le désarroi de beaucoup de parents. Comprendre trop tard qu'on vous mène en bateau. Faire confiance à des médecins qui pataugent ou au contraire vous assomment de leurs doctrines et de leurs conseils : Attendez !

La meilleure façon de combattre l'autisme infantile, c'est de le reconnaître TRÈS PRÉCOCEMENT. Ne pas ATTENDRE. C'est s'opposer à la bêtise, la mollesse, la mauvaise foi, la frilosité, la chienlit des institutions. Et surtout le DOGME. Il n'y a pas un jour à perdre. Bien sûr, il y a d'admirables psychiatres, mais leur rôle serait moins ambigu, moins difficile aussi, si les parents étaient en alerte suffisamment tôt. Ce qui est scandaleux c'est de les laisser dans une attente molle et floue où rien n'est dit. L'année sur laquelle tout le monde bute, c'est six ans, l'âge de l'entrée à l'école primaire. La socialisation de l'enfant. Commence alors la course affolée : – Mais on ne m'a rien dit... On ne m'a pas prévenu... On m'a dit d'attendre... C'est ce que j'ai fait... Il n'y a pas le feu... Il faut d'abord faire une psychothérapie... On m'a prévenu, ce sera très long... Et puis toute la famille doit y passer... Il paraît que c'est de la faute des parents... Surtout de la mère... J'habite à cinquante kilomètres... Avec les autres enfants comment je vais faire pour me rendre à l'hôpital... Si j'avais su, je n'aurais pas attendu si longtemps, etc.

Ce qui revient le plus souvent, c'est le regret d'avoir attendu et que rien ne soit mis en œuvre avant.

J'ai très vite compris que, ne craignant ni ma peine, ni mon angoisse, ni la solitude, je préférerais lutter seule. Il restait à me persuader que j'étais en train d'accomplir une grande chose, mais totalement ignorée, voire niée par les autres. L'accompagnement d'un enfant autiste dans la vie de tous les jours, ne se voit pas, ne se remarque pas, ne se quantifie pas, ne s'inscrit pas sur une feuille de sécurité sociale. Rien de ce qui est proposé ne suffit. Il faut accomplir cent fois plus. Il y a toujours un prix à payer quand on agit loin des tutelles, quand on montre son caractère. Le prix à payer ? L'isolement. L'abandon de ses forces vives. La récompense ? De fines lueurs d'intelligence au fond des yeux de son enfant. Le danger ? Le déséquilibre dans sa vie sociale, sa vie de famille, sa vie amoureuse Un étouffement. Un pas vers la mélancolie. La révélation ? Celle d'une souffrance *hautement murée* qui réveille d'autres souffrances dormantes en nous. D'ailleurs si l'autisme fascine tant, c'est qu'il fait ressurgir les trous noirs de notre enfance. Miroir brisé, infiniment morcelé comme ceux du labyrinthe du palais des glaces où nous nous sommes perdus parfois. Tu t'en souviens ?

Pour qui pénètre avec son enfant autiste, ou non, ou avec une poignée de gamins dans une de ces attractions de foire qu'on nomme Palais des Glaces, l'aventure peut être poignante pourvu qu'on soit un peu sensible au symbole de ce labyrinthe de verre et de miroirs renvoyant sans cesse à votre reflet qui se perd, se déforme, mouvant, instable, grimaçant, défiguré. Les mains en avant on tourne en rond, passant et repassant aux mêmes endroits, piétinant dans des chemins sans issue. On cherche à sortir de ce dédale miroitant. Et tout le temps que dure l'errance en ce palais, on ne rencontre son enfant qu'au travers d'une paroi de verre. On le regarde en train d'errer lui aussi. On a le cœur serré. On voudrait le prendre par la main, mais c'est impossible à cause de la cage de verre. On se dit que ce Palais des Glaces est une belle allégorie de l'autisme, mais aussi de la vie tout simplement. De la destinée. Bien sûr, on ne quitte pas des yeux l'enfant qui cherche son chemin parmi les milliers de chemins possibles, avec tout autour de lui les miroirs lui renvoyant sa propre image démultipliée à l'infini. Il semble à l'aise et fasciné. On ne sait pas si c'est une bonne chose de l'avoir amené ici. C'est lui qui voulait y pénétrer. On comprend ce qu'il y voit, ce qu'il y cherche. On comprend que c'est un lieu pour lui. Un lieu de méandres et de rêve. D'un rêve actif, puisqu'il lui faut trouver la sortie. On est dans ce Palais des Glaces comme dans la vie. On regarde son enfant disparaître sous ses yeux, prendre des chemins aberrants, se tromper, se heurter aux cloisons de verre comme ces papillons de printemps qui se cognent aux vitres des fenêtres. Chacun de son côté, enfermés dans un sas transparent, on ne peut plus se toucher qu'en écrasant ses lèvres et son visage contre la paroi de verre, en suivant les mouvements des paumes de main de l'autre. Comment trouver la sortie ? L'enfant se cogne à tout, mais partout il semble chez lui. On commence à regretter d'être venue. On en a assez de ce jeu qui dure et tourne en rond. On n'a plus envie de chercher. Le cœur n'y est plus. Alors qu'on en est là de ses pensées, l'enfant surgit devant vous. Il vous tire par la main et vous guide vers la sortie. Il la connaissait. On dirait qu'il l'a toujours connue.

Certains jours, j'ai pensé que ce n'était rien ce qui nous arrivait là. Disons une situation à ma mesure. J'ai même imaginé que je me serais ennuyée avec un autre enfant. Ton silence me captivait. Je voulais savoir ce qu'il y avait dedans. Quand j'y entrais, nous vivions toi et moi dans un curieux état de fusion. Je faisais tout comme toi. Je vivais au ras du sol, collant mon oreille au plancher, contre les radiateurs, les tuyaux d'écoulement sous les lavabos. Tu me restituais des souvenirs, des bruits, des sensations, des murmures perdus. M'entraînant par la main tu me ramenais la forêt des Contes de Perrault, me redonnant à entendre des bruits de petites cuillères et de verres qui tintent le matin quand la maison sort de son sommeil. Des bruits d'escalier qui craque, d'eau qui s'écoule. L'été par la fenêtre ouverte, le vent dans les arbres. Tu me restituais les odeurs de café, de lait à la chicorée qui se sauvait malgré l'anti-monte-lait dansant au fond de la casserole. Tu me redonnais à contempler les taches de lumière sur le papier de la chambre. Par la fenêtre ouverte, tu m'aidais à retrouver les voix de mon enfance disparue, les voix qui montaient du jardin. Tu m'apportais les cailloux blancs du Petit Poucet. Tu m'en mettais plein les poches. Que la tentation de te laisser dans ton silence fut grande ! Ce que je redoute le plus chez les enfants ce sont leurs cris.

Dans notre société, il faut bien dire qu'à de trop rares exceptions, l'autisme des enfants est souvent l'affaire des femmes. C'est elles qu'on trouve sur le terrain. Non pas parce qu'elles « ont le temps » ou « ne travaillent pas », mais parce qu'il ne se trouve guère d'hommes prêts à résister à ce tête à tête féroce et quotidien. Surtout quotidien. Désespérément quotidien. Et à n'attendre aucune reconnaissance de l'usure de leur vie. Pas plus qu'un mineur de fond n'attend de reconnaissance de sa peine. Donc, généralement, ce sont les femmes qu'on trouve au charbon. Et j'en ai beaucoup rencontré. Les pères quand ils n'ont pas abandonné femme et enfant – il est fréquent qu'avec un tel handicap le couple, la famille, vole en éclats – m'ont paru timorés, taciturnes ou impatients, bien moins déterminés, doutant sans cesse des progrès de leur enfant. Même si elles sont pauvres, certaines mères se montrent extraordinairement inventives. On pourrait écrire un recueil de pure intelligence avec tous les faits et gestes, astuces, recettes, ruses, qu'elles ont inventés pour tenter de communiquer avec leur enfant. Ces femmes-là sont dans la RÉSISTANCE. Résistance aux idées reçues, à la bêtise, à la méchanceté, aux dogmes. Parfois même, résistance à l'agressivité d'autres parents d'enfants autistes qui souhaitent occuper seuls le terrain surtout quand il est médiatique et se comportent comme les pires censeurs, allant jusqu'à nier l'autisme de votre enfant, simplement parce que dans son autisme, il est *différent*. Aucun autiste ne se ressemble. Il y a sans doute des degrés dans l'autisme et des périodes dans la vie d'un autiste. Périodes de rémission. De régression. Beaucoup ont des pathologies graves associées, comme la surdité, l'épilepsie, une débilité légère ou profonde. Il n'est pas rare, non plus, que des enfants ayant eu un comportement normal jusqu'à deux ans changent brusquement, souvent après un choc affectif, un deuil, une maladie. Ils parlaient. Ils ne parlent plus. Brusquement, ils refusent toute communication.

Même quand il n'y avait aucune preuve de ton intelligence, j'ai toujours pensé que tu étais intelligent. J'ai toujours aimé ton originalité. Ton insupportable originalité.

Comme une étoile tombée dans mon jardin, je reçois ce matin un texte envoyé par un lecteur, amical et attentif. Ecrivain, grammairien et sémiologue de renom, frappé par la lecture du *Petit Prince cannibale*, il m'écrit :

« ... J'ai retrouvé ce passage sous la plume d'un sémiologue-linguiste, sur lequel j'écris en ce moment... »

LA MÈRE, L'ENFANT, L'ÉCRITURE

« Tout ce qui le détermine, en premier, lui et son propre corps, l'enfant, le reçoit de la bouche de sa mère et des proches. C'est sur leurs lèvres et dans la tonalité de leur amour que l'enfant entend et commence à reconnaître son nom, entend nommer son corps, ses émotions, et ses états intérieurs... Ceux qui lui servent à se prendre en conscience pour la

première fois et à se sentir en tant que chose là, ce sont les mots d'un être qui l'aime... L'enfant commence à se voir pour la première fois par les yeux de sa mère, c'est dans sa tonalité qu'il commence aussi à parler de lui-même, comme se caressant à la toute première parole, par laquelle il se dit lui-même... il se détermine lui-même et son propre état, à travers sa mère, à travers l'amour qu'elle lui porte en qualité de destinataire de sa grâce, de ses caresses, de ses baisers. Sa forme, dirait-on, porte l'empreinte de l'étreinte maternelle... J'éprouve un absolu besoin d'amour que seul l'autre, à partir de la place que lui seul peut occuper hors de moi est susceptible d'assouvir au-dedans. »

Michaïl Bakhtine
sémioticien russe (1895-1975)
dans *L'Auteur et le Héros*, pp. 67/68,
texte de 1925. Analyse des relations de
l'écrivain avec ses personnages.

Sur la rive d'où je t'écris, parfois j'imagine qu'un passeur viendrait prendre les pages que je t'adresse.

Il me faudrait les jeter dans sa barque au risque de les voir tomber dans l'eau. Certaines n'arriveraient jamais à leur destinataire. Cependant, j'espère qu'elles t'atteindront un jour.

Je t'écris pour plus tard. Pour beaucoup plus tard. Il y en a qui tricotent, qui dévident des pelotes. Moi, je te frotte les joues à l'encre. Un jour, tu liras un peu de cette histoire que nous avons construite ensemble. Tu sauras combien je t'ai aimé. Les premières larmes passées, je souhaite que le souvenir de cet accompagnement te rende libre et te fortifie.

Quand je considère cet affaiblissement qui est le mien aujourd'hui, je sais que je continuerai d'avancer, affaiblie par les pages que j'ai peine à écrire, par les nuits de plus en plus courtes, par le visage de mes enfants qui commence à s'effacer comme s'effacent les visages gravés dans la pierre. A jamais, leur visage à chacune, à chacun restera celui de la *Petite Châtelaine* de Camille Claudel, levé, tendu, interrogeant je ne sais quelles aurores, quel bonheur, quelle menace dans les aurores à venir, sans que je puisse répondre à leur attente, à leurs interrogations.

Cet épuisement est souvent signe que l'écriture me cherche. La période de gestation d'un livre donne à ma vie, mes gestes, ma démarche une faiblesse qui me diminue sur le moment. Rien ne vient. Que de faibles mots isolés. Sorte d'alphabet cosmique renversé par un dieu coléreux. Tiens, débrouille-toi avec tout ça. Débrouille-toi avec ton puzzle en cent mille morceaux. Et me voilà me battant avec des orages, me sauvant sous des déluges, égrenant des siècles, triant des jours et des visages. Quelques phrases naissent qui ne s'emboîtent dans rien. Quelques mots tonnent. Terrifiée par les éclairs, je m'enferme dans un château, accablée par la pluie derrière les volets, la pluie qui tombe sur la forêt, le vert sombre des sapins. Exténuée par cette mélancolie, je m'endors. Et c'est toute la forêt qui tient dans ma paume et que je respire. Sur la page, les phrases échappées m'ont fatiguée bien plus qu'un kilomètre à la nage ou que des lieues à bicyclette.

Dès la première année de ta vie, et les années suivantes, Sylvestre, tu t'es développé de façon étrange, refusant de parler, de mâcher, de déféquer. Tu restais assis, immobile durant des heures, le regard absent. Ta principale occupation était de faire tourner des objets. On aurait dit que tu n'entendais pas, mais tu hurlais si on s'adressait à toi ou si on voulait te prendre dans les bras. Tu hurlais simplement si on prononçait ton prénom. Pourtant, j'ai essayé de le moduler de mille façons. Mais il demeurait impossible de t'appeler. Impossible de te nommer sans provoquer des réactions d'une grande violence, comme te voir te cogner la tête. Longtemps, j'ai pensé que tu n'aimais pas ton prénom, que je n'aurais pas dû choisir celui-là. Puis je me suis aperçu que tu réagissais de la même façon quand une tourterelle roucoulait au-dehors, quand je te changeais d'endroit. T'installer dans une voiture était un calvaire, tant tu te débattais. Alors, j'ai décidé de t'aborder dans le silence, de ne jamais avoir l'air de m'adresser à toi directement. Je parlais aux murs, aux meubles, aux robinets, aux fenêtres, à la voiture, parfois à une petite marionnette au bout de son fil. C'était ton double. Je lui disais ce que j'avais sur le cœur. Je l'encourageais ou lui faisais des reproches. Quand tu ne voulais pas que je t'embrasse, je l'embrassais, elle. Je ne reculais devant rien. Je cherchais à déclencher chez toi la plus infime participation. Un jour, j'ai dit à la marionnette que j'en avais assez. Tu entends, j'en ai par-dessus la tête que tu ne parles pas ! D'abord tu ne sais pas parler ! Sans doute tu ne comprends rien ! Alors moi, je vais te dire une chose, marionnette : chaque fois que tu seras désagréable, que tu hurleras, que tu m'enverras des coups de pied, ton nez s'allongera comme celui de Pinocchio. Pour finir, les feuilles pousseront dessus et les oiseaux viendront s'y percher ! Tu as bien compris, marionnette ? Pour capter ton attention, je tournais, je virevoltais avec de grands mouvement de jupe. Je tapais des pieds comme pour danser le flamenco. Olé ! Je frappais des mains. Tu ne bougeais pas plus qu'un bloc de pierre, continuant de faire tourner indéfiniment les roues d'une petite auto au creux de ta main. Alors que je menaçais la marionnette de voir son nez s'allonger, comment dire ma joie, quand je t'ai vu arrêter ton geste mécanique pour tâter furtivement le tien.

Premier rayon de soleil de ma journée. Sachant que je ne dois pas m'adresser à toi directement, je contrôle ma joie et me détourne pour dire à voix haute au pantin :

– Ne t'inquiète pas, marionnette, ton nez ne s'allongera pas.

Tu as dix-huit mois. Demain, tu auras deux ans et puis trois, quatre, cinq ans. Tu ne communiques pas comme disent les gens. Je ne peux m'empêcher de trouver normal de ne pas communiquer : A la mo-o-de. A la mo-o-de des autres. A la mo-o-de des gens. Est-ce qu'un écrivain communique, sinon en écrivant ? Et un peintre ? Et un musicien ? S'il te plaît ! Ne me dessine pas un mouton dans la grande procession des moutons. Ne rentre pas dans la grand-messe des moutons. Les grands mensonges des moutons. Au fond, ça veut dire quoi communiquer ? La plupart du temps, ça veut dire se faire bouffer par les autres. Ça veut dire avaler la bêtise à l'école, à la télévision, chez ses parents, dans la vie. Ça veut dire faire des devoirs – dont l'énoncé est souvent d'une grande stupidité – et c'est rendre compte de cette bêtise afin d'être jugé et noté sur vingt. Ça veut dire ne jamais sortir du cadre. Ne jamais exploser. Ne jamais se montrer différent. Se soumettre à LEUR langage à EUX, qui n'est pas le tien. C'est pour ça que je t'aime. Je t'admire dans ta résistance et je te donne raison. Communiquer, c'est aussi subir, encaisser, se résigner, écoper, endurer, purger, souffrir etc. Mieux vaut fermer sa gueule. S'acharner à bâtir un monde que personne ne violerait. Selon le dictionnaire, communiquer, *c'est faire connaître quelque chose à quelqu'un.* La belle définition. Mais qui a envie de te connaître toi ? Qui a envie de comprendre ? De s'impliquer ? La plupart du temps, les psy ne sortent pas de leurs grilles codifiées. Ils te demandent ce que tu ne peux pas faire : accéder au langage de tout le monde. Même si tu lâchais un mot de leur connaissance, ils trouveraient que ce n'est pas grand-chose ou si peu, ou ne le remarqueraient pas... Il n'y a pas d'espoir... Vous comprenez, c'est une psychose très grave... On ne peut pas s'en sortir... Ils n'ont pas le temps. Personne ne peut passer quatorze heures par jour avec toi. Personne. Sauf moi. Normal que je prenne la parole. La plume. La rage. Porte-parole, voilà ce que je suis. Et cela me convient très bien. J'ai des petites lueurs parfois, des petites lueurs qui me viennent de ton silence. Ton silence, je le comprends. Il me colle à la peau. Je suis doublement ta mère, parce que je suis aussi écrivain, ce que d'ailleurs j'ai peine à réaliser. Ainsi, la recherche du silence, quand j'étais enfant, le désir de m'isoler – *s'isole beaucoup* – n'était rien d'autre qu'une recherche douloureuse pour communiquer autrement. Personne n'a su m'expliquer que l'écriture me cherchait. Personne ne m'a donné les outils nécessaires pour m'aider. Dans les yeux du professeur de français avec lequel j'essayais de *communiquer* au travers de mes rédactions, je lisais gêne et agacement. Ce n'était pas le sujet demandé... Faites ce qu'on vous dit... Tenez-vous-en là... Ne cherchez pas à être originale... Rentrez dans le moule... Conformez-vous à ce qu'on vous demande... Ne bougez pas... Attendez qu'on vous appelle... Ne prenez pas d'initiative... Taisez-vous... etc.

Comment ne pas te comprendre ? Oui, je suis fascinée par ton silence, étranglée jusqu'aux larmes par ta résistance. Comment une telle énergie employée à se taire peut-elle habiter un si petit être pour s'opposer au monde ? Quelle résistance ! Quel courage ! Je te dis que tu as du courage. Je te donne raison. De quoi te protèges-tu ? Ou quoi protèges-tu ? Est-ce un songe ? Un rêve ? Un secret ? Une souffrance ? Le début d'un poème ?

Je me plains à vous, fenêtres et volets, portes et cheminées. A toi aussi, fauteuil, je me plains et à toi encore, marionnette au bout de ton fil, oh, comme je me plains, je n'ai personne à qui parler. Et personne ne me raconte rien. Hein, pantin, tu entends ? A moi, on ne me raconte pas de belles histoires. On ne me dit pas qu'il fait trop doux pour rester enfermé. On ne me dit pas qu'on a envie de sortir se promener. On ne me tend pas les bras. On ne me dit pas que les coucous sont jaunes dans la prairie, et que c'est fabuleux. On ne me prend pas la main pour aller les cueillir. On ne me dit pas qu'aujourd'hui, il y a tant de lumière dans la maison qu'on a envie de se serrer dans les bras et de rester l'un contre l'autre longtemps. Longtemps.

J'en suis sûre, les murs ont des oreilles et diront plus tard ce qu'ils ont entendu.

De courts instants, tu me suivais du regard.

Souvent le désir d'écrire me prend dans la cuisine. Est-ce la preuve que les travaux ménagers sont si ennuyeux qu'ils ne vous laissent qu'une aire de prisonnière ? Une aire de rencontre secrète. Comme si sur le carrelage on n'avait le droit de ne se tenir que sur un seul carreau et que ce carreau soit la vraie place d'où l'on puisse capter un chant clandestin. Ainsi, ce qui me contraint à des besognes ordinaires me ramène aussi au baiser le plus extravagant : écrire des mots fous dans le carnet. Ecrire pour personne. Tandis que cuit un osso-buco et que j'épluche du pourpier, les mots sont des baisers à mes oreilles. Le plus dur, ce n'est pas de les entendre. C'est de les laisser perdre. Il me faut alors tout lâcher pour les écrire. Comme si j'étais victime d'un malaise. Comme si j'avais un éblouissement.

Tu es assis sur le carrelage. Tu tournes un objet. Je regarde le soleil dans tes cheveux. Je te trouve beau. Je voudrais te prendre dans mes bras pour te montrer la lumière irisant les carreaux. J'ai peur que tu cries. Alors pour que dure la minute silencieuse, je ne le fais pas...

Tu avais à peine deux ans et demi, quand j'ai eu la révélation de ce que pouvait être un chagrin profond chez le tout petit enfant autiste qui ne parlait pas. Une nuit, j'ai entendu comme des pleurs légers. Je me suis approchée de ton lit. Tu pleurais sans larmes en tenant une petite photo de ton père, qui était parti pour un assez long voyage. Durant ses absences, je te parlais de lui. Je te disais dans quel pays il se trouvait. Je te montrais sa photo. Cette nuit, tu la tenais contre ta poitrine et tu pleurais silencieusement. Pour la première fois, je te découvrais ainsi, avec cette peine visible, exprimée, comme une brèche ouverte. Je savais que je ne devais pas te consoler en te touchant. Penchée sur toi dans la pénombre de ta chambre, je te murmurais seulement que je voyais ton chagrin, que papa allait revenir bientôt. Je t'expliquais les raisons de son absence. Je te disais que je t'aimais, que lui aussi t'aimait. Tu es mon petit garçon adoré. Je t'aime. Je te comprends. Pour la première fois, tu n'as pas crié. Pour la première fois, j'ai eu ton regard dans le mien. J'ai osé poser ma main sur la tienne. Tu n'as rien dit. Je t'ai pris dans mes bras avec précautions pour que la photo entre tes doigts ne s'échappe pas. En te touchant, j'avais peur d'« aller trop loin ». Je craignais une explosion. Des cris fous, des clameurs assassinant la nuit. Mais rien. Tu étais comme un chevreau un peu lourd dans mes bras, un pierrot de chiffon qui laissait pendre sa tête que j'avais le souci de recaler sur mon épaule. Alors on a circulé dans la grande maison pleine de vide et de silence. Je m'arrêtais aux fenêtres. Je parlais aux fenêtres. Je leur disais des choses folles et douces. Des paroles de consolation. Je leur disais que j'avais un petit garçon qui s'appelait Jean. Je l'aimais. Son papa aussi l'aimait et bientôt, il allait revenir de voyage. Ce petit garçon qui s'appelait Jean ne parlait pas. Mais il comprenait tout. Il entendait tout. M'adressant à la lune voilée de nuages qui semblait filer entre la cime des sapins, j'ajoutais que je savais que ce petit garçon m'écoutait et qu'il avait le droit de ne pas répondre. Il avait le droit de garder le silence. Peut-être avait-il un secret ? Simplement, c'était juste et doux pour une mère de tenir contre soi son enfant sans qu'il crie et se débatte.

Pour préserver l'instant et lui garder sa douceur et sa magie, je disais tout cela à la lune, aux nuages, au vent. Une heure nous sommes restés ainsi. En marchant, je m'adressais à l'armoire, à la commode, aux chaises. J'évitais le miroir, car tu ne pouvais supporter ton reflet. Je leur murmurais que je n'oublierai jamais cet instant. Nous avons fini par nous endormir ensemble.

Avec toi dans mes bras, j'ai l'impression de m'être endormie dans un château brodé au point de tapisserie. Au cœur même de la tapisserie. Château comme en Bourgogne, entouré de vignobles et de vendangeurs. Le sommeil au bord de ton silence durera six ans qui m'en paraîtront cent. Ma vie m'apparaîtra plus rêvée que vécue. Pourtant je continue d'accomplir des choses quotidiennes. Obligatoires. Les soins du corps. Les soins et la tendresse à d'autres enfants que toi. Conduire ma voiture. Cuisiner. Planter des arbres. Aimer parfois. Me souvenir. Ecrire à la sauvette dans le carnet. Dans cette tapisserie, je vis tout naturellement. Avec de petits et grands tracas. De petites et grandes joies. Impression d'exil dans ma propre vie. Au plus profond de ce château endormi, tu me murmureras un jour, un doigt sur la bouche :

– Ecoute ! Ecoute le silence...

Je mettrai du temps à briser ce cercle magique.

Ne pas isoler son enfant. Veiller sur son sommeil. Ecouter sa respiration. Autrement dit, quand il le faut, dormir auprès de son enfant. Ah! le beau scandale en Occident.

Comment transformer en cauchemar ce qui aurait pu, ce qui aurait dû être un bel après-midi de mai ?

Prenez votre enfant « énigmatique », âgé de quatre ans. Sortez-le de son lit où il vient de faire une sieste. Dites-lui les mots d'amour habituels, puis dites-lui que vous allez l'emmener au square. Il ne répond rien, bien sûr, ne manifeste pas, ne sourit pas, mais il entend. Vous le déchiffrez sur son visage à un petit air faussement absent qu'il affiche quand il est intrigué et ne veut pas que cela se voie. Il évite de vous regarder. Il s'agite. Maintenant, il va falloir descendre l'escalier. Cela vous prendra peut-être une demi-heure s'il a décidé de s'arrêter sur « ses marches » où habituellement il stationne longuement en imitant le bruit d'un moteur. Ou vous l'acceptez ou vous coupez court en l'empoignant.

Vous risquez une scène affreuse, des cris, des coups de pied, un enfant qui se vautre, qui se griffe, se mord, se frappe la tête. Tout est gâché. Comme une dépouille, vous laissez là vos forces, votre bonne volonté, parfois votre amour. Vous n'avez plus envie d'aller au square. Plus envie de rien. Vous pensez que vous avez le rôle le plus ingrat du monde et que vous vous enfoncez. Comment une chose aussi simple, descendre un escalier avec lui, peut-elle anéantir votre journée ? Vous cherchez une autre solution pour la prochaine fois. Un autre scénario. Lever l'enfant, le porter, descendre l'escalier toujours en le portant. Sans le regarder, sans avoir l'air de le solliciter. Avec une sorte de détachement hiératique. En descendant, pour détourner son attention, faire une chose inhabituelle, chanter une ritournelle à tue-tête, rire, répéter une phrase où il est question de quelque chose qui l'intéresse, ou encore imiter le bruit du moteur qu'il aime. Il vous faudra assurer votre pas, descendre très vite. Première étape gagnée.

Ah ! si les murs ont des oreilles, ils restitueront les cris, les rires, les chansons de Piaf qui m'aidaient à descendre l'escalier. Combien de fois ai-je pris ma respiration en haut des marches pour gueuler « A-llez, ve-nez, Mi-lord !.... Lai-ssez vous faire, Mi-lord !... » Ou encore : « Em-por-tée par la foule ! » Heureusement que j'ai un bon dos et de la force dans les bras. Heureusement que j'aime ce qui résiste. Je suis dans l'opposition comme un poisson dans l'eau.

Chaque fois que j'ai abordé une difficulté en te contournant, sans avoir l'air d'attendre quelque chose de toi, tu progressais.

C'est surtout dans le rétroviseur de ma voiture que je pouvais t'observer. Je n'oublierai jamais la joie que j'éprouvais à te « piéger ». Tout au long de la route je parlais à haute voix : – Tiens ! Une voiture ***rouge*** à côté de nous ! Nous aussi, on s'arrête quand le feu passe au ***rouge*** ! Mon écharpe est ***rouge***. Les cerises sont ***rouges***. La couverture du livre est ***rouge***. Les tuiles sur les toits des maisons sont ***rouges***. A gauche, une vache dans le pré qui broute de l'herbe ***verte***. Les feuilles des arbres sont ***vertes***. Et justement le feu passe au ***vert***. – U-n-e sou-ris- ***ver-te*** etc. Dans le rétroviseur, je te voyais tourner la tête, tu suivais du regard ce que je te disais sans JAMAIS avoir l'air de m'adresser à TOI. Si par malheur, à un feu, je me retournais pour te sourire, simplement te sourire, comme je l'ai fait quelquefois car je débordais de joie de te voir réagir, tu hurlais, te rejetant en arrière, essayant d'arracher tes vêtements et ne manifestant plus rien les semaines suivantes, t'enfonçant dans d'insoutenables régressions. Il fallait que je réinvente autre chose. Toujours sans te regarder, sans rien manifester de mes sentiments, en entrant dans tes manies, en me soumettant à ton étrangeté. J'ai mis en scène ce chemin parcouru dans *Le Petit Prince cannibale.*

Très vite, avec ces astuces, ces systèmes, ces rites dont je jalonnais ton existence, je me suis heurtée à une difficulté imprévue : ton exigence à les voir se répéter dans les mêmes lieux, les couleurs énoncées devaient désigner les mêmes choses. En passant à l'endroit où broutait le cheval, il fallait désormais que je répète à voix haute : – Regarde le cheval qui broute dans la prairie ***verte***. Si à cet endroit précis, je nommais autre chose qui était vert, tu hurlais. De toute manière, il fallait d'abord que j'énumère tous les animaux, les objets dont tu avais entendu le nom durant nos courts voyages avant d'ajouter autre chose de nouveau qui soit vert. C'était un peu l'inverse de ce qui se passait pour les indigènes de la rivière Sepik. Au lieu d'abandonner les mots, il fallait que chaque mot gagné s'ajoute à la suite des autres, entrant dans une classification dont tu étais le maître. Ma vie se compliquait singulièrement. Préoccupée par d'autres soucis, je craignais parfois de me tromper dans l'ordre et de subir ta colère aveugle et démentielle. A l'arrêt du feu, cela donnait une tirade cocasse où pouvaient s'ajouter les incidents de la vie, car un jour le cheval ne fut plus dans la prairie. Occasion pour moi, de vérifier la notion de passé et de futur : – Tiens, voilà la prairie ***verte*** où brout***ait*** le cheval, mais le cheval n'y est plus. Hier, il ét***ait*** là, peut-être est-il en promenade ? Peut-être que demain, il reviend***ra*** brouter l'herbe ***verte.*** Dans le rétroviseur, je vois que tu t'agites. Est-ce parce que le cheval manque ? Est-ce par ce que j'ai oublié le mot prairie ? Je rectifie : – Demain, le cheval reviend***ra*** brouter l'herbe de la ***prairie verte.*** Je me demande soudain si ce ne serait pas plus juste de dire l'***herbe verte*** de la prairie. Je me garde bien de rectifier. Avec toi, n'importe qui pourrait devenir maniaque. Puis, j'enchaîne très vite sur l'énumération habituelle, d'autant que le feu passe au vert. U-n-e sou-ris- ***ver-te*** etc. J'ai emporté une petite balle en mousse verte. Je l'ajoute à notre couplet. Demain ce sera une pastille Valda, etc. Après-demain, je ne sais pas. Je ne sais plus. Non, je ne sais pas quand j'oserai changer l'ordre de toutes ces choses énumérées, c'est-à-dire pour toi, L'ORDRE DE TON MONDE. Il faut peut-être que je te les montre dans un livre, ces choses, ou que je te les dessine. J'ai peur d'être en train de créer un système irréversible. Impression d'avoir mis en route une machine infernale, folle et aveugle ou d'être prise dans une spirale ou l'œil du cyclone. A force de me soumettre à tes codes, à l'ordre mystérieux que tu m'imposes, je me trouve dans un étrange labyrinthe dont j'ai l'impression parfois, que ni toi, ni moi, n'aurons jamais la clef. Te suivre pas à pas dans ce chaos curieusement jalonné de contraintes, de rites, me dérange profondément. A la rigueur, je m'arrangerais dans ma vie. Mais je suis atteinte dans l'élan qui me pousse à écrire. J'ai dit adieu à l'écriture. Adieu aux mots. Je n'ai plus ni silence, ni solitude ou si peu. Et je ne veux rien regretter. Tu vaux bien des milliers de pages blanches qui resteront blanches à jamais. Celles recouvertes d'écriture arrachées à quelques heures de solitude, j'en ferai des petits navires de papier pour qu'ils filent sur l'eau de la rivière qui traverse notre village, la Norges. Adieu, mots, écriture. Je dois rester la sentinelle de tes mots à toi, si durement remontés à la surface. Je dois capter le moindre signe de compréhension dans tes yeux et il y en a tant, si on veut bien regarder.

Je dois être la gardienne de ton labyrinthe et quand il le faut, me transformer en véritable cerbère pour éloigner prédateurs, défaitistes, dogmatiques, ricaneurs.

Glanon. Nombre de places limitées. Inscrivez-vous! Un bus vous prendra à six heures, impasse de la Petite Fin –

Dieu que ça tombe bien! Sur l'illustration, on peut voir une nappe à carreaux rouges et blancs avec un plat d'ablettes et de goujons frits. Je ne sais quoi de canaille et de léger comme dans la chanson du *Petit Vin blanc*. Je me sens ragaillardie par cette sortie que je ne ferai pas. Peut-être parce que moi aussi, je peux « *retourner dans ma tête* » pour y retrouver un stock d'images innombrables. Je peux entrer dans chacune d'elles, m'y promener, l'explorer à ma guise. On dirait des diapositives, mais si j'insiste un peu, si rien ni personne ne me dérange et que j'y demeure suffisamment, voilà qu'elles s'animent. L'air y résonne et porte un lointain bruit d'enclume. Le vent pince ma joue. J'ai toujours aimé le mot *bise.... Elle marchait dans la bise cinglante.... La bise lui pinçait les joues...* « *Quand la bise fut venue* »... Que dit le dictionnaire? « *Une bise triste gémissait sous les portes et dans les corridors de l'hôtellerie* »... (Chateaubriand, *Mémoires d'outre-tombe*) C'est juste ce qui me convient. Je me souviens aussi de ces petits rideaux tendus au bas des fenêtres qu'on appelle des *brise-bise*. Sans doute y en avait-il dans l'auberge d'outre-tombe. Est-cela qu'on appelle le pouvoir d'évocation? Je suis en pays de connaissance, mais comme tout se paye, pour moi, le droit de péage sera d'en rendre compte. L'attelage de bœufs qui vient de s'imposer si fort à mon souvenir se trouvera labourant dans les pages d'un livre. Suivi de sa cascade d'images légères. Ce qui vient d'être fait.

Tout doucement, j'essaie de changer tes habitudes, tes repères en t'emmenant partout où je vais. Aujourd'hui, vérification des couleurs. Il faut que tu saches, que tu acceptes, que dans un supermarché, la salade aussi est ***verte. Verte*** comme les salades que papa fait pousser dans son potager au printemps. ***Verte*** comme la prairie ***verte*** où broute le cheval. Tu t'en souviens ? Il y a plein de choses qui sont ***vertes***. Je te pousse dans le caddy. Tu jettes un œil furieux partout autour de toi. Je continue. Dans les rayons, il y a même des assiettes ***vertes***. Les yeux aussi peuvent être ***verts***. Une bague avec une pierre ***verte***. Tu regardes mes mains qui poussent le caddy. Je n'ai pas de bague avec une pierre ***verte***, mais je te dis qu'il y en a avec des émeraudes et qu'elles sont ***vertes***, les émeraudes. J'achète des feutres, du papier et au beau milieu du magasin, je dessine la prairie ***verte*** où brout***ait*** le cheval. Je dessine un sapin ***vert*** comme celui du jardin. Comme celui de Noël. Celui de la chanson : *Ah! vive le vent! Vive le vent! Vive le vent d'hiver! Qui s'en va, soufflant, soufflant dans les grands sapins* **verts**! Je dessine une main avec une bague. Il y a aussi une affiche ***orange. Orange*** comme le jus d'orange que tu bois le matin. Je dessine le verre de jus d'orange. Mine de rien. Toujours mine de rien. Je t'aurai, je t'aurai, petit bonhomme. Je cache mon fou rire devant ta mine furibarde. Je crains tes foudres, tes hurlements. J'accélère le pas vers la sortie.

Tout en conduisant, je sais que la petite douleur entre les omoplates, c'est la crainte du coup de bâton, et pour moi, le coup de bâton, ce sont tes cris furieux, le changement total d'atmosphère. On ne peut plus avancer. On est bloqué. Rien à faire. ***Rouge*** c'est forcément une voiture et c'est toujours au même endroit. ***Vert*** c'est l'herbe de cette prairie-là. A la maison, manger, c'est à cette place-là et pas à une autre. Dans telle assiette et pas une autre. Surtout jamais de petite fumée qui s'élève de ton assiette. Je dois donc te donner à manger presque froid. Il faut que je passe à ta gauche et pas à ta droite. Qu'on monte l'escalier du même pied en s'arrêtant sur la troisième marche, que je te lise un livre, toujours dans la même pièce, qu'on s'assoie dans le même fauteuil et longtemps ce sera pour regarder la même image sur la même page. J'ai conscience de développer une immense résistance, en même temps que me quitte une certaine gaieté. Il faut que j'invente autre chose, que je « détricote » en douceur ce que nous avons tissé ensemble.

Pendant quatre ans, nous avons alterné huis-clos et bains de foule. Maintenant que j'ai vérifié que tu es intelligent, que tu n'es ni sourd, ni épileptique, ni débile, que tu retiens un grand nombre de choses, que tu sais le nom des animaux, des objets, que tu reconnais les couleurs, les parfums, il me reste à le démontrer aux autres puisque ton attitude dès qu'il y a une tierce personne ou que nous nous trouvons à l'extérieur change radicalement. Je lis doute et commisération dans le regard des autres quand je rapporte tes « progrès ». Je suis certaine qu'aucune autre pathologie grave n'est associée à ton mutisme. Cependant chaque jour, tu bâtis des résistances. Tu construis une véritable muraille de Chine. Sans cesse, je vérifie tes capacités. Au fond, je ne sais pas *où* tu es. Tes régressions, celles qui insupportent habituellement les gens, se souiller, se vautrer, n'avoir aucune autonomie ne me dérangent pas vraiment. Ce qui me bouleverse, c'est l'idée de la souffrance enfermée dans un si petit être. Mais quelle souffrance ? Je reste persuadée que pour se taire ainsi, il faut souffrir de façon démentielle.

Ce n'était pas une idée répandue à l'époque où j'ai écrit *Le Petit Prince cannibale*. Le dogme exigeait que ce soit toi qui te plies aux autres. Si on en était resté là, jamais on n'aurait progressé. De toutes mes fibres je sentais qu'il fallait faire la démarche inverse. Il me semblait que tu t'enfonçais dans des sables mouvants. Tu ne pouvais pas t'extraire de là. Il fallait partir à ta recherche. Tourner autour de ton énigme. Quand on vit si proche l'un de l'autre, on est le témoin privilégié de modifications – même lilliputiennes – du comportement.

Ces balades avec toi, dans la foule, dans le monde étaient épuisantes. Parfois hilarantes. Je me souviens d'une séance dans une parfumerie à l'époque de Noël. Tu devais avoir cinq ans. Tu avais décidé d'encercler tout le magasin, comptoirs, présentoirs, clients avec une ficelle à cadeau, appelée bolduc, que tu dévidais avec allégresse. Certaines personnes se laissaient faire un moment, d'autres étaient excédées surtout quand tu leur entortillais les chevilles. Je te laissais t'affronter à elles, afin que tu comprennes, du moins je l'espérais, que les refus ne venaient pas toujours de moi.

Je te laissais vivre cette expérience où tu te colletais aux autres. Le plus dur évidemment, c'était de te « récupérer ». Les gens murmuraient que tu étais capricieux ou mal élevé. J'étais un peu tremblante de te porter, gesticulant, hurlant sous les réflexions désobligeantes. Il y eut ainsi un grand nombre d'aventures épuisantes ou cocasses. Comme dans ce square public où tu as foncé sur un père de famille qui jouait avec son enfant dans le bac à sable, lui arrachant des mains, seau, pelle et râteau, parce qu'ils étaient jaunes, l'exacte réplique des tiens, que ce jour-là, je n'avais pas prévu d'apporter. Comment expliquer à cet homme notre jeu avec les couleurs, avec les objets ? Comment lui raconter le chemin que nous faisons ensemble ?

Grâce à toi mon regard sur le monde, sur les autres, est en train de changer.

Il y a eu toute une période où quand nous sortions à l'extérieur, squares, hôpital, magasins, trottoirs, trains, maisons d'amis, tu te jetais par terre. J'ai toujours pensé que c'était ta manière de dire bonjour. De te présenter. Au début, je te relevais. Après je t'ai laissé faire. Il me semblait que c'était ta façon de prendre contact avec un lieu que tu appréhendais. De tout ton corps. Tu le sentais avec ton ventre, tes mains. Tu posais les lèvres, le front ou l'oreille sur ce sol inconnu. Tu t'imprégnais des vibrations. Tu écoutais. Longuement. Bien sûr, quand c'était à l'entrée d'un magasin, les choses tournaient plutôt mal. Mais je ne voulais pas renoncer aux sorties avec toi. Je tirais alors de ma poche un objet que je t'avais confisqué quelques jours plutôt. Un de ces objets fétiches que tu adorais faire tourner ou une petite lampe de poche dont tu aimais approcher la lumière de tes yeux. Je te le restituais. Pour gagner quelque chose, il fallait que j'en perde une autre. Mais que tu acceptes de te relever sans hurler au milieu d'une foule généralement hostile était pour moi une victoire que personne ne pouvait mesurer.

Séparée de toi, je peux écrire dans la voiture stationnée devant le jardin d'enfants où l'on t'accepte pour quelques heures. Il faut dire que tu n'y troubles pas l'ordre. Tu restes assis sur un petit tapis. Tu ne bouges pas. Tu ne fais rien. Tu gardes dans les mains le même objet. Une voiture dont tu fais tourner les roues.

Derrière le pare-brise, je cherche dans le premier soleil de mars un réconfort léger, que je sais léger. Je prie, je supplie mes forces vitales de ne pas me quitter. C'est drôle, je n'ai besoin de rien. Juste tenir. Ne pas sombrer. Je n'ai besoin de rien. Et c'est malheureux à dire, envie de ne voir personne. Le soleil sur le pare-brise me suffit. Besoin seulement d'un peu de solitude et de l'écrire dans le carnet.

Comment dire dans ce pauvre carnet ce que je suis en train de vivre et qui me fait crever ? Comment décrire l'autisme au quotidien ? Je ne sais pas par quel bout commencer. Ce gosse me tue. Rage. Indifférence des autres. Envie de chialer. Il faut que je m'en sorte. Je vais leur rentrer dedans à tous. Heureusement que j'ai une incroyable résistance. Heureusement que je trouve mes forces dans l'adversité. Personne ne voit que je laisse ma peau dans cette histoire. Mais moi, je ne n'abandonnerai pas ce gamin aux institutions. Je me sens capable de tout défoncer. Dans les salles d'attente, ce que je vois, c'est toute la chienlit, la mollesse de la société. Je me sens de taille à lutter, à le remorquer. Il faudrait que j'écrive un livre pour expliquer. Je ne sais pas par quel bout le prendre. Complètement déglinguée à l'idée de devoir l'écrire.

S'asseoir et que tout s'écrive. Vos sales caboches. Vos menottes poisseuses. Vos bouches avides. Je suis de taille à être dévorée. Prenez garde, je vais me défendre.

J'étais faite pour marcher solitaire dans les villes étrangères. En pleines sonnailles. En pleine poussière. Les dents craquant le sable des funèbres villes remplies de musées. J'étais faite pour m'asseoir seule sous l'unique chêne de la place, écoutant les éclats de la fontaine. Seule et prête aux autres rencontres. Et je ne vois que réfrigérateur, gazinière, balai, serviette éponge. Vie massacrée par ceux que j'ai choisis. Je vous aime et je me bats contre vous.

Force des bourgeons que je sens pousser dans ma tête, je vous aimerai, je vous remorquerai, je vous conduirai à bon port. Ce livre, je l'écrirai.

De toute évidence, la vraie vie, c'est celle que j'ai choisie. Ils me font bien rire, ceux qui partent toujours en voyage. C'est pour mieux se fuir eux-mêmes. J'ai la tête pleine de villes.

Des titres me viennent :
La Petite Résurrection
Ainsi parlait Blanche.
Ô dérision....

Parfois, je suis effrayée d'avoir « donné le jour ».

Oui, tes cris et tes refus auront été ma couronne d'épines. Il m'arrivait d'inventer un océan et de respirer un grand coup l'air du large. Le mot patience coulait sur mes épaules comme une main bienfaisante. J'appelais à mon secours le mot patience, car plus d'une fois, j'ai eu envie de te gifler toi et ton autisme. Alors, je retournais dans ton silence. J'alternais cris et silence. Docteur Jekyll et Mister Hyde. Ton silence comme une fenêtre ouverte sur les arbres.

Toi qui ne parlais pas, je t'ai RECONNU. J'ai respecté ta différence. J'ai entendu ton silence. Je suis entrée dans ton silence. J'ai aimé ton silence. A-t-on besoin de parler quand on s'aime ? A-t-on besoin de parler devant le désert, l'océan, une étendue de neige ? A-t-on besoin de parler en regardant un tableau ? En écoutant de la musique ? On dit que l'amour se passe de mots. Cependant, si tu ne parles pas, je sais qu'il faudra du moins que tu écrives, que tu déchiffres le langage. C'est presque avec regret, que j'ai brisé ton silence. Comme on brise la glace d'un lac gelé. Comme on brise la vitre d'un train fou. J'étais sûre que sous la glace, tu étais comme dans un palais où tu régnais seul, sans personne pour te contrarier.

C'est vrai que certains jours, ton silence fut une tentation. T'atteindre me semblait trop difficile. D'autres fois, je me disais qu'il ne fallait surtout pas qu'on s'endorme dans la neige, qu'on se laisse anesthésier. Il ne fallait pas que je te laisse t'enfermer dans ton silence. Il ne fallait pas que je t'abandonne « *sous la terre noire du cimetière* » où tu prétendais être « *enterré* ». Ce furent tes propres paroles à l'âge de cinq ans, le jour où tu me dis que tu voulais un autre prénom. Tu répétais que « *la terre était noire et profonde et qu'il fallait oublier celui qui y était enseveli. Il fallait le laisser là-bas dans son cimetière avec sa croix.* » Tu ajoutas en parlant au passé : « *Il n'était pas très intéressant. Maintenant, il me faut un autre nom.* » Cette scène se déroula au bas de l'escalier que tu avais si souvent monté et descendu en hurlant. Parfois nous mettions vingt minutes à grimper car il fallait le faire selon des rites bien à toi. Monter une marche. En redescendre trois. Imiter un bruit de moteur. Stationner longuement sur une certaine marche en faisant ce bruit. Surtout ne pas te regarder, ne pas te toucher, ne pas avoir l'air de t'encourager quand tu acceptais de monter trois marches, car aussitôt tu les redescendais toutes. Oh! comme les mots du poète me consolaient alors : « *Patience! Patience dans l'azur...* » Patience mes livres à écrire. Patience la joie qui s'en va... Patience l'amour qui fout le camp... Patience les autres enfants... Patience pour décrypter ton étrange langage où se dilue le mien... Patience en répétant avec toi, ce qui semble te combler au plus haut point : wrooum... wrooum... wrooum... Patience... Patience... Je suis sûre que te suivre ainsi pas à pas est juste. Je m'organise. Après tout, je peux toujours noter ce qui me vient dans un carnet que je porte autour du cou. Les stations sur les marches sont longues. Les stations sous les lavabos aussi. Mais tu aimes tant y entendre le bruit de l'eau. Moi aussi d'ailleurs. C'est comme si je redevenais petite. Quelque chose dans cette aventure est follement intéressant. Et je te le dis. Plus exactement, je le dis à voix haute. Disons que je le dis au lavabo. Si on nous voyait, on penserait que je suis folle. Je parle aux objets qui t'intéressent, c'est la seule façon de communiquer avec toi. Je sais que tu m'entends, que tu me comprends. Je fais ce que personne d'autre ne peut faire, car personne n'a le temps. Je ne veux rien perdre de toi. Je ne veux rien donner en pâture aux psychiatres, aux institutions, aux autres. L'épuisement, c'est pour moi. Alors les miettes, les infimes miettes d'amour et de victoire sur ton autisme, les étincelles dans tes yeux, c'est pour moi aussi. Pas question d'en céder un pouce. Car enfin qui t'aura supporté douze heures par jour, pendant cinq ans ? Ce qui fait presque trente mille heures, si on ajoute les heures sombres de la nuit ? Qui aurait eu envie de renoncer à ses plaisirs ? A ses amis ? A une vie sociale ? Aux voyages ? A la liberté. Surtout la liberté. Que tu sois seulement un nom dans un fichier. Enfant X. Enfant Y. Jamais. Tu es un empêcheur de tourner en rond. Un terroriste. Un emmerdeur. Un prince. Tu es mon enfant. Je te trouve fabuleux. Je trouve fabuleuse ta résistance. Je te comprends. Je t'admire. Ton opposition au monde m'exténue, mais je suis dans ton camp. Je ne peux être que de ce côté-là. Je n'ai jamais osé le dire. Quand je rédigeais *Le Petit Prince cannibale*, j'ai parlé de ma lutte, de ma peine. J'ai craint de dire que non seulement je comprenais ton silence, mais que je l'approuvais. J'ai l'impression d'avoir longtemps rampé à tes côtés dans un souterrain et d'avoir découvert une brèche soudain qui mène tout droit à un trésor comme celui de Lascaux. Comme celui qu'on vient de découvrir dans une grotte de l'Ardèche. Pas question de le profaner.

Dans la vieille maison que nous habitons, l'escalier où nous stationnons si souvent – puisqu'il dessert les chambres et la salle de bains – est large et beau. La première marche est en pierre, les autres sont en chêne. La première marche a une grande importance pour toi. Elle est sans doute une plate-forme pour l'engin à moteur que tu as décidé d'être. C'est sur cette marche-là, un jour que je t'avais contrarié, car je voulais que tu montes plus vivement, que tu m'as raconté ton histoire de cimetière. On peut se demander comment, dans le même instant, un enfant si jeune – tu avais un peu plus de cinq ans – et qui semble en régression constante peut vous dire une phrase aussi bouleversante : « *Je veux retourner dans la terre noire. Je suis enterré. Il faut qu'on m'oublie. Il faut me donner un autre nom.* » Le téléphone est en bas de l'escalier. J'ai eu envie de demander de l'aide. Et puis j'ai vu les couloirs de l'hôpital, j'ai vu ce qu'on allait me confisquer. J'ai essayé d'oublier la terre noire. Il m'a semblé que toute petite, moi aussi, j'avais parfois envie de mourir. Rien n'est plus violent que d'être au monde. Rien n'est plus violent que l'enfance. J'ai retenu que tu voulais changer de prénom. Au lieu de penser que c'était encore une lubie, il m'a semblé que tu me donnais une clef essentielle. Je t'ai proposé ton second prénom. Ce fut difficile, mais je m'interdis l'image sinistre du petit Jean enterré, là-bas dans son cimetière, que nous abandonnions toi et moi.

Te nommer autrement, débouchera sur des progrès spectaculaires.

Où es-tu Jean ? Bonjour Sylvestre.

Heureusement les jours allongent. Impression que c'est pour moi. Le ciel n'est pas vraiment bleu, mais c'est le ciel. Je voudrais avoir une main froide dans la mienne pour la réchauffer.

Idée pour un livre : raconter l'histoire d'une maison où l'on sentirait chaque jour à la même heure l'odeur de cuisson du pain. Maison hantée par l'ombre d'un boulanger ? Les murs dorment. Les murs se souviennent.

A moins que ce soit le fantôme d'un jardinier ?

Dehors tout est gelé. Tôt ce matin, entendant les oiseaux, j'ai ressenti l'expression, *le cri plaintif.*

A force de te murmurer ou de te dire à voix haute ce que je vois, ce que j'entends au lieu de l'écrire, je suis certaine que c'est une sorte de goutte-à-goutte que je te fais. Une perfusion de mots, de sensations, d'émotion.

Pourquoi, *fantôme d'un jardinier*? Je l'ai vite noté dans le carnet que je porte toujours sur moi. Parce que je viens d'entendre un grincement régulier assez mélodieux, si j'ose dire, venant de la route qui passe devant chez nous. Je te prends dans mes bras, je sors et je regarde. C'est un vieil homme qui pousse une brouette. Rien d'étonnant. Pourtant l'homme qui s'éloigne sous le soleil gelé de mars avec sa brouette est *déjà* un fantôme. Je sais que cette image aussi rentrera dans un livre. Je me presse de le noter, car les incidences de la vie raflent vite mes pensées. *Ne pas oublier le fantôme du jardinier...* Mais pour l'heure, c'est le grincement de sa roue de brouette qui m'a fait sortir. Tu tournes des roues toute la journée. Je cours vers le vieil homme et lui demande si tu peux toucher cette roue-*là*. Cette roue-là, qui grince et n'appartient pas à la maison. Le vieil homme, lui, tu ne le vois pas bien sûr. Tu ne vois que la roue de sa brouette. Ce qui t'intéresse, c'est la roue. Je sais que je vais partager un pur moment de poésie avec toi, avec lui qui ne sait rien de nous. Un pur moment de joie sur cette route perdue où tout semble gelé dans l'air acide qui siffle. Sous le soleil presque vert, tout semble cassant, les pattes des oiseaux, les tiges des végétaux, la longue carcasse du vieil homme. Oui, fantôme, *fantôme du jardinier* qui longtemps roulera sa brouette dans ma tête. Et la roue qui grince ou peut-être chuinte, je suis sûre que toi aussi tu t'en souviendras quand les lueurs de ton enfance te rattraperont comme des feux follets. Je te dis tout cela à voix haute. Bien sûr, tu voudrais que l'homme renverse sa brouette afin de pouvoir en tourner la roue à ta guise. Bien sûr quand il faudra arrêter, je sais que tu hurleras et te vautreras, éteignant d'un seul coup l'intensité de cette joie minuscule. Mais comme je le sais, je suis prête. Ce que je sais aussi, c'est que tu garderas cette vision, la sensation du froid, la main du vieil homme sur la tienne. Et puis cette roue, cette grosse roue que tu peux tourner en dehors de chez nous. Je ne sais pourquoi, tu me permets de rejoindre les vitriers de mon enfance qui passaient dans les rues, eux aussi avec des chariots dont les essieux grinçaient, les marchands de peaux de lapins, les rémouleurs qui passent encore et dont les roues grincent toujours.

C'est drôle comment naissent les personnages des livres. Ce fantôme-là, né du grincement d'une roue de brouette sur une route de campagne dans un petit matin gelé, prendra corps quelques années plus tard sous les traits d'un jardinier que j'appellerai Anatolis. Il habitera dans un de ces petits jardins ouvriers en bordure d'une voie ferrée. Le livre s'intitulera *La Grosse*. Il y aimera une garde-barrière magnifique qui se cache aux yeux des autres tant elle est rejetée, elle aussi accablée dans sa différence. Ce sera un livre qui dira le compte des heures immobiles. Laitière de Vermeer. Capture des minutes heureuses. Dentellière. Rien ne s'y passe. Que l'amour.

Entretenir ma ferveur. Défendre ma solitude. Ne pas me laisser rogner les ailes. Une seule parole, un seul regard peuvent me tuer pour longtemps.

Désir fou de consigner. Mais pour quel livre ? Des titres me viennent :

Les Éclats du miroir
Les Morceaux du miroir
D'une île de marbre

Des titres, rien que des titres. Comme un ricanement. Comme une plaisanterie. Comme un pied de nez. Pour quel livre ? Fatiguée.

Fuir. Loin de la douleur.

Parfois je ne comprends rien à mon regard posé sur la cime des arbres, attendant que l'ombre d'un souvenir revienne. C'est vrai que dans ma vie, j'y suis et je n'y suis plus. Le temps qui passe me semble extraordinairement figé. A la seconde où j'écris, il s'est déjà dilué dans une eau immobile.

Difficile d'expliquer.

Je voudrais tenter d'écrire sans que vienne le souvenir d'un baiser, d'une caresse. D'un attachement. Ni le souvenir. Encore moins l'espérance. Je voudrais n'avoir besoin que des étoiles au-dessus de ma tête. Comprendre ma chute sous la voûte céleste. Ma proche désintégration.

Des titres encore :

Chemin faisant
Les Larmes du jardinier

Loin de la vie ordinaire et triviale. Loin des répétitions. Loin du bruit et des cris. Loin de ce qui m'attache et me lie, ce carnet c'est comme un rendez-vous secret.

Je me demande pourquoi, j'ai une aversion profonde pour les êtres qui ne vivent pas dans l'urgence.

Impossible d'écrire un mot tant il y a de prédateurs autour de moi.

Abominable été surchargé de choses inintéressantes.

J'ai été au service de cons égoïstes du matin au soir.

Des idées pour un futur livre m'ont traversée.

Une grande maison « tchékhovienne ». L'été. Sous la véranda, très tôt le matin, un écrivain essaie d'écrire. Mais son inspiration, son travail sont sans cesse torpillés par l'agitation, les cris, l'histoire des uns et des autres.

Le soir, on peut imaginer la maison éclairée vue du parc. Chaque fenêtre s'allume l'une après l'autre, à la manière des vitrines d'Amsterdam tandis que le reste est éteint. Quatre, six, huit, douze fenêtres ? Une scène s'y joue déchirante, bouleversante ou je l'espère comique. Puis les gens sous la grande véranda ou dans la grande cuisine se croisent, dînent, n'ont pas d'échange réel. Peut-être un drame arrivera-t-il, permettant aux vraies natures de se révéler.

Titre : *Sentinelle* ?

Il y a quelque chose d'insupportable, d'odieux à constater qu'un psychiatre – je n'ai pas dit tous – qui voit votre enfant vingt minutes par mois tentera un jour ou l'autre de récupérer sa guérison ou l'amélioration de son état. C'est une imposture. Alors que c'est vous qui luttez. C'est vous qui avez mis votre peau sur la table. C'est votre vie que vous donnez en pâture seize heures par jour, c'est vous qui avez abandonné tout projet personnel, toute carrière, toute « ascension sociale ». Personne, jamais, ne vous en saura gré. Ces heures-là ne s'inscriront nulle part. Elles seront une très longue parenthèse dans votre vie, uniquement gouvernée par un amour enragé.

Il y a aussi quelque chose de grotesque à voir le même psychiatre observer un enfant autiste en train d'empiler des cubes, et lorsque ce dernier flanquera un coup de pied dans sa construction, vous croyez rêver quand le psychiatre en question laissera tomber :

– Alors comme ça, tu donnes un coup de pied dans TA maison... Parce que c'est TA maison que tu viens de casser là, tu sais ? Bien sûr que tu le sais !...

Vous assistez à cette scène. Vous vous demandez comment il peut avoir le culot d'interpréter de façon aussi simpliste. Vous regardez votre enfant. Vous voyez bien qu'il fait n'importe quoi parce qu'il n'a pas envie d'être là. Il déteste se sentir observé, jugé. Il sait qu'on guette le moindre de ses gestes. Il est assez intelligent pour embrouiller les pistes. Il continuera à donner des coups de pied dans tous ces jouets, ces puzzles qui sont les supports de l'analyse du psychiatre qui le voit vingt minutes par mois. Les bras vous en tombent quand ce dernier continue à dévider sa petite histoire :

– Alors, maintenant tu jettes ton papa et ta maman ? – C'est bien eux que tu viens de lancer ? Ah bon ! Et en plus, tu leur donnes des coups de pied !

Dans le fouillis des jouets renversés sur le sol, il y a en effet des petits personnages en plastique. Le psychiatre inscrit dans un dossier les conclusions de sa subtile interprétation. Il fait comme si vous n'existiez pas. S'il vous pose une question, il n'attend pas votre réponse. Il sort de la pièce juste au moment où vous alliez lui répondre. Jamais vous ne pouvez avoir son regard dans le vôtre. Vous vous demandez si ce ne serait pas une manœuvre pour vous déstabiliser. Alors vous ne dites plus rien. Mais vous savez que vous ne laisserez pas s'installer ce système dans votre vie ni celle de votre enfant. Vous ne vous laisserez pas faire. La tâche ne vous semble pas insurmontable. Votre conviction, c'est qu'il n'y a pas un jour à perdre. Pas une heure. Vous ne laisserez pas ces gens-là avaler votre énergie, votre rage d'entreprendre et, pourquoi le nier, votre joie à leur faire un pied de nez. Vous ne reviendrez pas en consultation. Vous savez depuis toujours que ce n'est pas deux heures de temps en temps en hôpital psychiatrique qui amélioreront l'état de votre enfant. C'est une imposture. Vous refuserez de vous y rendre plus souvent. Vous ne vous laisserez pas saper le moral. Dès lors, évidemment, la règle sera de ne jamais vous plaindre et de garder pour vous seule doutes, angoisse, tourments.

Quand on s'occupe seule d'un enfant autiste tout tourne autour de lui. Si dans la famille il y a d'autres enfants, surtout plus jeunes, la situation se complique singulièrement. Prenons par exemple une simple promenade dans un square.

Vous poussez dans sa voiture votre bébé de six mois ou vous le portez en « kangourou ». Pour stimuler, pour éveiller au monde votre petit garçon autiste de cinq ans vous avez emporté son tracteur sur lequel il peut s'asseoir. Le problème, c'est qu'il ne veut ni avancer, ni pédaler. Il veut le renverser pour tourner une roue. il ne veut pas s'en servir autrement, surtout ici dans ce lieu public qu'il appréhende. Déjà, vous avez dû démonter les pédales du tracteur. Il ne supportait pas de les voir, encore moins d'y poser les pieds.
– Il faudra attendre l'âge de dix ans pour qu'il pédale et soit autonome à bicyclette, et encore il

aura toujours du mal à s'arrêter. – Donc, vous avez démonté les pédales. Par chance un petit débord lui servira de marchepied. Comment le faire avancer ? Vous êtes dans ce square avec lui, justement pour l'éveiller. Pour le sortir de sa routine, l'extraire de sa bulle. C'est une chose si simple de se promener avec ses enfants. Si gaie. Comme beaucoup de mères, vous l'avez fait des centaines de fois avec des poignées d'enfants qui s'éparpillaient comme des moineaux. Ils couraient partout, s'en donnaient à cœur joie, vous aviez toutes les peines du monde à les récupérer.

Avec lui ce sera différent. Il ne bouge pas. Vous regardez la petite piste cimentée devant vous. Vous vous dites qu'aujourd'hui, il faudrait qu'il y roule sur cinq mètres. Vous avez réussi à l'installer sur le tracteur. Puisqu'il ne veut pas bouger et qu'il commence à faire un bruit de moteur, à l'aide d'une cordelette vous accrochez l'engin et vous le tirez doucement. Miracle. Il ne dit rien. De la main gauche, vous poussez la voiture du bébé. De la main droite vous tirez le tracteur de votre enfant autiste. Personne autour de vous ne peut évaluer ce que vous êtes en train d'accomplir. Personne ne sait ce que vous êtes en train de gagner. Quelques tours de roues. Cinq mètres sur un chemin cimenté dans un square ordinaire.

C'était trop beau.

Il freine avec ses pieds, n'accepte plus d'avancer.

Vous prenez un air détaché. Vous ne dites rien. L'atmosphère peut virer brusquement. Vous êtes sur une poudrière. Vous pensez aussi qu'un jour ou l'autre, il faudra changer le tracteur contre un tricycle et que ce sera une autre paire de manches. Car pour lui, le tracteur n'est pas un jouet ordinaire. Quand il grimpe dessus, il DEVIENT le tracteur. – D'ailleurs, c'est lui qui vous le révélera plus tard. A onze ans, au cours d'une conversation, il vous dira qu'il croyait « **qu'il était le tracteur** ». Qu'il se sentait bien quand il pensait qu'il était le tracteur. Vous réfléchissez à cette histoire de tricycle. Vous imaginez la prochaine sortie, ce que vous pourriez inventer la prochaine fois. Il faudrait qu'il accepte de faire un mètre de plus. Peut-être aussi pourriez-vous attacher une remorque à son tracteur avec quelque chose dedans qu'il aime ? Il faudrait créer une situation qui l'oblige à descendre du tracteur, à tourner autour de cette remorque nouvelle, à la décrocher peut-être.

Quand il la découvrira, il la décrochera tout de suite en effet, et la renversera furieusement. Découvrant alors les deux roues qui tournent dans le vide, il s'intéressera au tracteur pour continuer à en faire tourner les roues. C'est raté.

Pour l'instant vous devez nourrir votre enfant de six mois. Vous évaluez la distance qui vous sépare du premier banc. C'est à cinquante mètres. Ou vous mettez une heure pour y arriver, ce qui n'est pas envisageable avec le bébé qui manifeste sa faim, ou vous faites un coup d'éclat, en tirant vivement le tracteur jusqu'au banc sachant par avance que votre petit autiste rentrera dans une colère démentielle. Il se jettera par terre, se cognera la tête, se griffera les bras et le visage. A cette idée vous ressentez un grand découragement. Vous vous demandez sur quel chemin vous vous êtes engagée. Où va votre vie. Ce que signifie votre entêtement à vouloir vous occuper seule de cet enfant. A vouloir vous aventurer dans le monde avec lui. Vous ne vous demandez même plus ce que vous allez gagner ou perdre dans cette histoire. Votre joie est simple, faite de petites choses quotidiennes. Pourtant, votre joie de vivre, parfois, il vous semble que vous la perdez. Vous ne savez plus où prendre l'air pour respirer. Où puiser vos forces. Alors, vous cherchez dans votre tête des images heureuses, légères. Surtout légères. Vous vous imaginez appuyée au bastingage d'un navire, aspirant l'air du large. Vous fermez les yeux. Vous entendez les mouettes. Vous êtes amoureuse. Oui, encore amoureuse. Et cette idée vous fait rire. Carrément éclater de rire. Ce n'est pas une pensée très neuve, mais elle vous enchante. Vous la laissez circuler, elle vous aide. Elle vous permet de donner quelques coups d'aile. Vous avez toute une réserve de pensées saines, drôles, éclatantes. Vous savez sortir de votre corps quand il souffre. Surtout ne pas s'assombrir. Vous regardez vers la cime des arbres. Vers le ciel. Vous vous étonnez de les aimer toujours, de n'en être pas lasse, vous songez aussi que c'est miraculeux d'être là, bien vivante avec vos enfants, cette « deuxième fournée d'enfants ». Vous les avez voulus. Avec un serrement de cœur vous vous souvenez des aînés. Vous revoyez les squares où vous vous promeniez ensemble. Vingt ans déjà. Vous ne comprenez rien à ce temps qui a passé. Vous êtes comme dans une autre vie. Il vous semble que vous n'avez guère changé à l'intérieur. A part cette distance peut-être que vous prenez avec les choses de la vie. Sans doute, signe de la maturité. Autrement dit du vieillissement. On sait déjà. On se doute. On anticipe.

Le bébé dans vos bras commence à s'agiter. Sans avoir l'air de vous adresser à votre petit monstre autiste, vous dites à voix haute que « la petite sœur a faim ». Prostré par terre, il ne bouge pas. Vous essayez de le relever. C'est du plomb. Vous ne devez pas le tirer par le bras, car un jour en le faisant vous avez failli lui démettre une épaule. Il faudrait pouvoir le saisir tout entier. Une jeune fille passe. C'est votre providence. Vous lui demandez si elle veut bien pousser la voiture jusqu'au banc. Vous ramassez votre enfant par terre et le portez. Il se débat. Vous le maintenez fermement. C'est une sorte de catch. Une véritable lutte. Vous serrez votre prise. Vous la serrez bien. Vous vous rappelez à l'enfant. Tant pis si on vous regarde. Vous lui dites son prénom. Vous lui dites que vous êtes sa maman et que vous l'aimez. Des mots que certains trouvent bêtes. Des mots difficiles à sortir, parce que vous êtes en colère. Ils vous restent en travers de la gorge. Vous lui en voulez de vous saper votre vie. Et puis, ce n'est pas le lieu pour dire ça. Mais quand on y pense, ce n'est jamais le moment. Jamais le lieu. Pour ce qui concerne les choses de l'amour ce n'est jamais le moment dans notre société. Alors on se passe des autorisations. Cette scène ce n'est rien dans la marche du monde. Juste une mère et son enfant qui roulent sur l'herbe d'un square. A son enfant, elle dit que le ciel est bleu, que sa petite sœur a faim. Lui aussi peut-être ? Elle le maintient fermement. Très fermement. Pour les passants ce n'est qu'un jeu. Elle peut agir ainsi parce que la jeune fille « providence » est passée par là pour l'aider. Elle a pu lui libérer les mains. La jeune fille va même rechercher le tracteur. On peut se demander si elle n'a pas tout compris. Vous pensez que la vie est remplie de gens adorables. Vous la remerciez, mais vous ne lui dites rien de votre enfant. Depuis toujours, vous savez qu'en sa présence vous ne devez pas parler de son autisme à une tierce personne.

Vous êtes épuisée. KO. Quand vous considérez la situation, vous savez bien que ce n'est pas demain que vous pourrez écrire à nouveau. Non. Pas demain. Il faudra se taire longtemps. Se tenir à l'écart.

Pour avoir une heure de paix, vous abandonnez votre enfant autiste à son passe-temps favori, tourner une des roues de son tracteur qu'il a très habilement renversé. Oui! La paix! Qu'il tourne! Qu'il la tourne sa roue! Il sera bien temps de reprendre la lutte. Vous voulez LA PAIX. Le silence. Vous retournez vous accouder au bastingage du navire. Vous retrouvez le vol des mouettes. Vous tendez votre visage aux embruns.

Tout à l'heure au moment de partir, il vous faudra le déranger. L'empêcher de tourner sa roue. L'interrompre dans cet acte démentiel. Tout à l'heure, au moment de repartir tout recommencera.

Quand il est en asile psychiatrique – CE QUI N'EST PAS SA PLACE – un tel enfant coûte deux mille francs par jour à la société.

Ce qui doit cesser :

– L'attentisme.
– Les diagnostics, flous. Mous.
– L'internement des enfants autistes en milieu psychiatrique.
– Le terrorisme psychanalytique.
– La rivalité entre soignants et parents.
– La mise à l'écart et la culpabilisation des parents.

Ce qu'il faudrait développer :

– Un diagnostic précoce surtout dans l'autisme infantile. Dès qu'on a des doutes. A quelques mois si possible.
– L'aide aux associations.
– Conjointement avec l'équipe psychiatrique, et l'équipe pédagogique, la mise en place dès la

toute petite enfance d'un vigoureux programme d'éveil, aussi bien moteur que sensoriel – musicothérapie, massages, bains, jeux, etc. Quand la situation familiale le permet, réaliser ce programme si possible en milieu ouvert, c'est-à-dire au domicile des parents, dans la vie de tous les jours.

– Le maintien d'une collaboration active avec les parents. Il faut restaurer leur courage et en faire des acteurs privilégiés et non les évincer et les culpabiliser comme c'est trop souvent le cas.

– Développer la multiplication de ces maisons qu'on appelle « lieux de vie » ou adolescents et jeunes adultes autistes peuvent être accueillis, pour un jour ou une semaine, soulageant ainsi leurs parents.

– Créer de plus en plus de classes intégrées, c'est-à-dire capable d'accueillir un ou deux enfants autistes assistés bien sûr par une éducatrice ou un éducateur spécialisé.

– Développer des équipes pluridisciplinaires, attentives et ouvertes à toutes sortes de thérapies nouvelles qui ont déjà fait leurs preuves dans d'autres pays.

– Mettre en valeur, aider certains autistes à exploiter leurs dons exceptionnels : Mémoire. Dessin. Peinture. Ecriture. Musique. Classement. Les rémunérer.

– Créer au sein des centres spécialisés de

petites équipes très mobiles, essentiellement composées d'êtres jeunes dont certains se rendraient au domicile de l'enfant handicapé pour accompagner quelques heures par jour les parents ou le parent, lors de ses sorties avec l'enfant. Je parle de gens jeunes, parce que j'ai constaté que des êtres simples, ou des grands-parents comme on en trouve encore à la campagne, qui ne portent pas de jugements sur le comportement de l'enfant, qui ne savent rien sur l'autisme, obtiennent de très bons résultats. Ils apportent leur bienveillance sans idées tordues ou préconçues sur l'autisme. Mieux vaut la compagnie d'un grand-père capable d'aller à la pêche et de taquiner le goujon, d'une grand-mère qui fait des crêpes, d'un jeune qui joue, danse, nage et rit, plutôt que celle d'un psychologue indifférent confit dans son savoir et qui ne fera qu'observer l'enfant au lieu de s'immerger dans sa vie. On me dira peut-être, c'est impossible de « s'immerger ». Justement, c'est pourquoi, il faut essayer autre chose. On ne peut pas rester « extérieur » à l'autisme. Et soigner l'autisme, ce n'est pas recevoir de temps à autre un enfant en consultation et prendre des notes sur son évolution. C'est AGIR quatorze heures par jour auprès de lui, dès les premières semaines de sa naissance.

Ces personnes accompagneraient les parents

qui le souhaitent et l'enfant dans leurs sorties qui sont si souvent transformées en parcours du combattant. Rues. Courses. Square. Piscine. Musique. Théâtre. Patin à glace. Bicyclette. Improvisations de toutes sortes. Tout ce qu'on peut imaginer faire avec un enfant à l'extérieur de chez soi. Que ce soit spontané ou programmé. Il est d'une extrême importance qu'un enfant autiste puisse accomplir toutes sortes d'activités en dehors d'un centre spécialisé.

Pour que ce soit possible et moins difficile, les parents devraient être aidés. Ces aides, garçons ou filles, seraient de préférence jeunes. Voire très jeunes – seize ans serait l'idéal – car à cet âge, ils possèdent souvent toutes les qualités qui manquent terriblement plus tard. Le désir de donner. Une compassion active. Une énergie créatrice. Une invention permanente dans la relation avec les enfants autistes. Une liberté d'être, de créer, d'innover, de jouer, de rire, qui manque à certains professionnels, timorés, englués dans une routine, encombrés par je ne sais quelles certitudes sur l'autisme. On peut imaginer ce service sous forme de stages civiques volontaires et rémunérés. Ces jeunes ne feraient pas qu'accompagner le parent dans ses sorties, ou dans la mise en place de nouvelles activités, ce qui est très précieux. Ils prépareraient une sorte de mémoire. Conjointement à la mère ou au père, ils pourraient tenir un journal de bord même très sommaire, prendre des photos, tourner un film vidéo sur l'enfant, où l'on pourrait suivre ses comportements d'une sortie à l'autre, ses progrès, ses régressions, toutes sortes de choses qu'on oublie très vite. Il est extrêmement intéressant de fixer les mimiques, les attitudes d'un enfant autiste avec la date, le lieu de l'activité, etc. Au cours de réunions pluridisciplinaires, ils rendraient compte à l'équipe de soins de ce qu'ils vivent sur le terrain. Ce serait formateur, ludique, créatif. De plus, on serait surpris des progrès réalisés par les jeunes autistes quand on les accompagne dans la vie, loin de l'enfermement. Cet accompagnement pourrait durer six mois ou un an. Plus peut-être. Il pourrait être renouvelé... Il serait rémunéré comme un emploi de proximité. Il compterait dans les années de formation du jeune, surtout s'il arrive à tenir son journal de bord ou à produire un petit film vidéo. On sous-estime la jeunesse. Il n'y a pas meilleurs pédagogues que certains enfants, que certains adolescents, ainsi que bien des gens simples qui ont envie de transmettre. Qu'attend-on pour leur faire confiance ? On regorge de jeunes, désespérés de ne pas être employés, de ne pouvoir offrir ce qu'il y a de meilleur en eux. Ils représentent une mine d'énergie, des trésors d'imagination.

On sait que durant leurs études, les médecins

voient de moins en moins de malades. A force de cloisonner la société plus personne ne peut apprendre. C'est tout à fait désespérant de ne jamais aller sur le terrain. De ne jamais s'empoigner avec la réalité. Il faut décider au niveau des régions, des villes, des villages. Les emplois de proximité doivent être proposés aux jeunes. Ils pourraient entrer dans le cadre d'une formation.

D'ailleurs, ceux qu'on appelle les jeunes ne sont jamais trop jeunes quand il s'agit d'aller au casse-pipe. Alors pourquoi ne pas leur laisser d'initiative dans notre société? L'énergie et l'enthousiasme sont sûrement ce qui manque le plus à ceux qui s'occupent d'enfants.

Encore quelques astuces pour occuper, stimuler, accompagner un enfant autiste chez soi avec les « moyens du bord ».

Si le bébé ou le très jeune enfant est le premier et le seul dans la famille, multiplier autour de lui les présences positives et chaleureuses. Rechercher la compagnie d'autres enfants. Vous trouverez des amis qui seront heureux de vous confier les leurs le temps d'un après-midi. L'inverse sera malheureusement difficile. Surtout si le vôtre se souille encore. Varier les rencontres est souhaitable, mais il est bon que vous soyez présente tant qu'il n'a pas suffisamment évolué. Même après avoir montré de l'intérêt pour certains jeux ou une certaine personne un enfant autiste peut ne plus rien manifester durant de longues semaines. Il n'y a pas lieu de le déplorer, ni de le lui reprocher. C'est toujours dur à vivre, mais c'est plus dur pour lui encore. C'est un peu comme s'il dérivait. Il faut lui donner beaucoup de tendresse dans ces moments-là, lui prendre la main, le caresser, le masser, lui parler, lui faire écouter de la musique qui le calmera, des histoires qu'on choisira soigneusement. Il faut lui laisser des plages de repos et de solitude où il puisse ne rien faire. Que rêver. Souvent ces crises qui durent parfois quelques mois débouchent sur une métamorphose. On croyait qu'il ne pensait à rien, qu'il rêvassait, qu'il vivait mollement, alors que quelque chose en lui se transformait. C'est après une de ces périodes de mal-être profond que Sylvestre a tenu des propos sur la manière dont il percevait le fonctionnement de son cerveau, propos recueillis à la fin de ce livre.

Mais revenons au square quand il était petit. Il est souvent astucieux d'y aller avec un enfant plus jeune que le sien. Si on le peut, il vaut mieux se faire seconder. J'ai remarqué qu'un enfant plus jeune que lui et qui ne parlait pas encore pouvait intéresser un petit autiste de trois ou quatre ans. Et même le faire rire. Comme si les mimiques, les gestes maladroits d'un bébé étaient pour lui un langage.

Quand sa sœur commençait à marcher et tombait souvent ou faisait des grimaces en mangeant quelque chose qu'elle n'aimait pas, j'ai vu mon fils contenir son rire jusqu'à n'en plus pouvoir et se reprendre très vite dès lors qu'il se savait observé.

Puisqu'il faut toujours se débrouiller par soi-même, il est bon de constituer un petit réseau de pré-adolescents, adolescents, enfants d'amis, qui veulent bien aider. Ils le font avec beaucoup de cœur, d'imagination, tout imprégnés de la grandeur de leur tâche. Ils seront très efficaces pour vous accompagner dans vos déplacements, vos courses, à la piscine ou au square. Ils ont généralement un excellent contact avec les petits autistes, car ils ne les jugent pas, les prennent par la main, les entraînent. Ils comprennent très vite le rôle qu'ils jouent et s'attacheront aux progrès de l'enfant.

Je donne cette tranche d'âge, mais naturellement, qu'ils soient plus jeunes ou plus âgés, les enfants sont souvent les bienvenus auprès d'un jeune autiste. Bien qu'ils vous aident généreusement, il faut les récompenser ou les rémunérer au même titre que des baby-sitters.

Si l'enfant autiste a des frères et sœurs, il faudra prendre en considération le tempérament des uns et des autres et ne pas oublier que contrairement aux jeunes gens qui viennent de l'extérieur, eux vivent l'autisme et ses conséquences souvent insupportables au quotidien. Autrement dit, ils baignent dedans. Il faut absolument les laisser respirer. S'ils souhaitent s'impliquer de temps à autre, il faut les gratifier de la même façon que les enfants extérieurs à la famille. L'enfant autiste mobilisant toute l'énergie de la personne qui s'en occupe, généralement sa mère, la vie n'est pas si facile pour le reste de la fratrie. On ne peut rien équilibrer. On vit constamment en déséquilibre. Pendant des années on donnera plus à l'enfant autiste, toujours imprévisible dans ses colères, ses exigences aussi bien que dans ses manifestations de tendresse. Au sein du foyer, il peut se comporter comme un véritable tyran, un terroriste absolu.

J'ai sans doute sous-estimé ce problème et ses conséquences auprès de mes autres enfants.

Cela dit, prendre en charge un jeune enfant autiste de temps à autre permet aux frères et sœurs ou enfants extérieurs à la famille de tenir un rôle profondément social, fraternel et d'être acteurs sur le terrain, eux aussi. Si je dis qu'il faut les gratifier, c'est parce que l'enfant autiste généralement ne donne rien, n'ébauche aucun signe de reconnaissance. Il est donc souhaitable de récompenser les enfants qui vous aident.

Aux plus jeunes (six et huit ans) on laissera

pousser la voiture de l'enfant. Distribuer le goûter. Donner à boire au biberon, etc.

Dans les aires de jeux aménagées, on laissera aussi les plus jeunes « entreprendre » le petit autiste. On les laissera « inventer » tout en observant les choses un peu en retrait.

Il est rare que, passé quarante ans, on adore se laisser glisser plus de dix fois sur un de ces petits toboggans plantés au milieu des aires de sable. Un jeune enfant, oui. Il peut le faire des dizaines et des dizaines de fois. On lui confiera le petit autiste et, sous surveillance discrète, on laissera les deux enfants glisser le nombre de fois qu'ils souhaitent.

Quand vous reviendrez au square avec ou sans le jeune qui vous accompagnait, vous aurez la surprise de voir votre enfant se planter devant le toboggan et réclamer d'y retourner.

Les possibilités de sortie sont infinies. Piscine, petits manèges, poneys, mais aussi magasins, musées, spectacles, concerts, cirques, foires, restaurants (toujours se placer tout près de la sortie en cas d'agitation) rues, transports en commun etc. Elles peuvent grever un budget modeste. Elles ne sont guère possibles si les deux parents travaillent. Il faut du temps. Presque toujours, elles sont exténuantes, surtout si on n'a pas d'aide. Ce qui est difficile, ce n'est pas la sortie en soi, c'est le travail qu'il vous restera à faire en rentrant. Ce qui est difficile aussi, c'est d'accomplir des choses avec son enfant, sans qu'il y ait de réponse. De retour. De sourires. De bras tendus. De reconnaissance. Et puis, vous vous attendez toujours à cette explosion de cris, à ce brusque orage.

Il a quatre ans. Vous venez de l'installer sur le cheval de bois d'un petit manège à « l'ancienne » qui tourne sur la place. Il a accepté de l'enfourcher. Il a l'air intrigué et même content. Bien sûr vous restez derrière lui. C'est la première fois qu'il est assis sur un cheval de bois, au milieu de tout ce monde. Vous venez de remporter une victoire. Vous ressentez une immense tendresse pour votre enfant. Vous n'avez plus envie de vous défendre. Vous vous dites que c'est incroyable qu'il ait accepté de monter sans crier. Il est calme. Vous êtes presque dans un enchantement. Vous aviez tellement envie de cet instant, de cette joie simple à partager avec lui. Les larmes vous montent aux yeux. Vous posez votre joue contre la sienne. Vous vous souvenez des manèges d'autrefois avec vos aînés. Oui, une joie simple. Des sourires échangés. Des signes de mains, des baisers au bout des doigts. Vous êtes enfin dans la vie, légère, insouciante, capable de fermer les yeux à cause d'une brise qui vous caresse le visage. Vous êtes envahie par une bouffée de tendresse, de gaieté qui efface d'un seul coup les mauvais moments.

Aussitôt que le manège démarre, il se penche pour suivre du regard le bord extérieur. Il se penche de plus en plus pour ne rien perdre de la circonférence de cet énorme cercle qui tourne. Ensuite, plus près de lui, il en examine l'axe qu'il vient de découvrir et qui tourne sur lui même. Dès lors, son regard ira sans cesse de la circonférence à l'axe central. Vous lui parlez du cheval. Vous lui mettez les mains dans la crinière du cheval de bois. Il les retire vivement. Il commence à faire un bruit de moteur. Vous comprenez alors qu'il ne voit rien de cette petite fête. Qu'il ne voit pas le cheval, ni le carrosse, ni le cochon plus loin. Il ne voit que l'essieu qui tourne. Vous vous dites que vous avez peut-être commis une erreur. Il est tellement fasciné par tout ce qui tourne. Vous n'auriez pas dû l'installer sur ce manège. C'est trop tard maintenant.

Vous maudissez cet autisme qui vous oblige à toujours anticiper, à toujours prévoir, à toujours réfléchir aux conséquences du plus dérisoire de vos actes. On dirait qu'il vous faut marcher sur une grille codée, dont les limites si vous les dépassez se mettraient à déclencher des sirènes d'alarme ou à vous envoyer une décharge électrique. Constamment, il vous faut vivre en état d'alerte. Vous perdez votre belle insouciance. Votre liberté. Votre joie simple s'éteint comme la dernière lumière d'une fête. D'un seul coup, il vient de tout vous confisquer. Vous essayez de puiser dans cet amour têtu que vous lui portez. C'est le dixième tour que vous faites. Vous en avez assez de tourner. Assez d'être debout. Impossible de le décoller. Son corps est dans une curieuse tension. Dans un mouvement de tête qui rappelle ceux des automates, son regard va sans cesse de l'axe du manège au bord de la circonférence. Du bord de la circonférence à l'essieu du manège où il suit reflets et lumières qui tournent dans ces miroirs mosaïques recouvrant la colonne centrale qui tourne sur elle-même. Il pourrait faire des centaines de tours. Vous savez aussi qu'il se débattra comme un fou quand vous essaierez de le tirer de là. Vous êtes enceinte de six mois. Vous avez mal aux jambes. Mal au ventre. Vous craignez ses coups de pied. Certains vous ont fait comprendre que vous n'étiez plus toute jeune pour cette ultime grossesse. C'est vrai. Vous n'avez pas envie de vous faire mal. Vous n'avez pas envie de prendre de risques en le portant. Alors vous inventez quelque chose avec le bonhomme du manège. Stop, monsieur! Je descends. S'il vous plaît, faites descendre mon fils, je ne peux pas le porter. Et mettez-le dans la poussette. Merci. A voix basse, vous lui glissez : Surtout ne lui demandez pas son avis. Empoignez-le fermement.

Pour lui, j'ai fait intervenir beaucoup de monde un peu partout, dans la rue, les squares, les magasins. J'ai toujours regretté de ne pas avoir une caméra dans ces moments-là. Dans un restaurant où il était en train de tout révolutionner, j'ai demandé à un cuisinier d'apparaître coiffé de sa toque blanche en brandissant une énorme cuillère en bois. Il s'agissait de le menacer un peu. Le cuisinier qui était étranger a tapé sur le comptoir avec sa gigantesque cuillère en vociférant quelques mots dans sa langue. Le gamin s'est arrêté tout net. Je ne savais plus comment cacher mon fou rire. Rien qu'en me souvenant de sa mine, j'en ris encore.

Ce que les autres ne comprennent pas, ce sont les complications dans la vie de tous les jours avec un enfant comme celui-ci présentant un aspect « normal », surtout quand il est très jeune. Si vous leur racontez votre histoire de manège, ils vous rétorqueront que leurs enfants aussi font des caprices pour descendre des chevaux de bois. Vous-même vous avez d'autres enfants. Vous vous souvenez en effet de quelques colères. Vous ne répondez rien. La différence est trop difficile a expliquer. On pourrait dire qu'elle est inexprimable.

Vous serez toujours dans le malentendu. Vous renoncez à expliquer. Vous sentez que vous risqueriez d'y perdre cette petite flamme ténue sur laquelle vous vous entêtez à souffler.

A propos de l'école

Durant toute ta petite enfance, ma préoccupation majeure restera ton intégration à l'école du village. Nous avons trois ans devant nous. J'ai remarqué que tu avais une fabuleuse mémoire. A propos des autistes, certains parlent de mémoire mécanique. Peu importe. Je considère que c'est un atout et je m'en servirai. Je veux que tu saches lire, écrire et compter avant d'entrer au CP. On apprendra sous forme de jeux.

Tu avais trois ans quand j'ai écrit les lettres de l'alphabet sur les murs de ta chambre. Dans toutes les couleurs. J'ai écrit des voyelles et des petits mots. PI-PE – PA-PA – ZORRO. Tu aimais beaucoup ce personnage en cape noire. Tu t'es montré très intrigué par cette nouvelle décoration. A trois ans, en une séance j'ai pu vérifier que tu venais de mémoriser tout l'alphabet. Comme tu ne voulais pas parler, mais que tu acceptais de mettre le doigt sur la lettre que j'annonçais, on a commencé a composer des mots que tu connaissais. Ensuite, on est passés aux chiffres. Le seul inconvénient de cette méthode, c'est que tu ne voulais la pratiquer que sur les murs de ta chambre et dans l'ordre que nous avions utilisé la première fois. Je ne t'ai pas laissé le temps de développer cette nouvelle manie. Très vite, j'ai annoncé lettres, mots et chiffres dans un ordre inhabituel, comme si c'était un jeu. J'ai multiplié toutes les conditions possibles. Le mot ZORRO étant caché derrière le rideau devenait le premier que tu devais trouver. Vite il fallait lui donner le *é* de épée, le *b* de ballon, le *p* de papa. Tout ça pour qu'il les mette dans la sacoche de son grand cheval noir. Les combinaisons étaient infinies. Tu semblais aimer apprendre et tu apprenais vite.

Il me restait à continuer l'expérience hors de ta chambre, car si tu acceptais désormais de lire dans tous les ordres possibles, il fallait que les séances se passent toujours dans ta chambre avec le mur comme support. J'ai commençé à établir un système de fiches qu'on puisse emporter dans d'autres pièces, comme la cuisine où tu te sentais bien ou la salle de bains. Puis, ce fut à l'extérieur de la maison. Avec des mots et des dessins représentant les rares choses que tu appréciais au-dehors. Tu ne parlais toujours pas, mais curieusement tu savais lire. Plus tard, tu désignais le groupe de mots que je te demandais et puis les phrases. J'essayais de trouver différents livres pour que tu ne t'habitues jamais au même. Entre cinq et six ans, l'année où tu souhaitas changer de prénom, après cette terrible scène dans les escaliers, tu fis des progrès considérables. Tu avais dit qu'il *fallait oublier Jean. Qu'il était mort et enterré.* Tu avais même ajouté *qu'il n'était pas très intéressant.* Si les deux premières phrases étaient inquiétantes et dures à entendre, j'ai tout de suite compris la confiance que tu mettais en moi et l'effort inouï que tu venais de faire pour me communiquer cette souffrance justement incommunicable par la parole. La dernière phrase où tu te jugeais toi-même, où tu étais si conscient de ton trouble : *Il n'était pas très intéressant,* me pose question aujourd'hui encore. Cinq ans après, à la lecture du texte que tu as écrit sur « l'ancien fonctionnement de ton cerveau », il me semble qu'on peut trouver des éléments de réponse. En tout cas des suppositions.

C'est toujours toi qui m'as donné les clefs. Je les ai toujours essayées. Il se trouve que d'accepter de t'appeler par un autre prénom, comme tu me l'as demandé, fut un incroyable gage de succès. Avec un pincement de cœur, j'acceptai d'oublier le petit Jean, puisqu'*il n'était pas très intéressant* pour justement porter toute mon attention à Sylvestre comme tu me le demandais.

Si Jean s'était opposé à tout, Sylvestre disait oui a presque tout. Ce fut une année d'énormes progrès. Mais il ne fallait pas se tromper de prénom.

Vers l'âge de cinq ans, tu savais donc lire avant d'entrer au CP, cette année terrible sur laquelle bien des parents d'enfants autistes se cassent les dents. Tu avais juste une résistance à t'exprimer à voix haute en public ou en présence d'une tierce personne à la maison. J'expliquai cela à ta maîtresse qui accepta un temps que tu fasses les choses autrement que les autres. Je lui avais demandé qu'au lieu de t'interroger à voix haute, elle veuille bien accepter qu'à l'aide de lettres magnétiques tu composes le mot demandé au tableau. Je lui assurai que tu savais lire, ce dont elle doutait au début. A deux ou trois reprises, je suis restée après la classe avec elle et toi et nous lui avons fait la démonstration de tes connaissances. Elle a accepté de pratiquer cette méthode et au cours du deuxième trimestre tu t'es mis à prononcer quelques syllabes, puis de plus en plus, d'autant qu'elle avait vis-à-vis de toi une attitude très gratifiante. Bons points, félicitations, etc.

A partir du CP ta scolarité se déroulera pour ainsi dire sans histoires. Tu iras à l'école primaire du petit bourg que nous habitons. En cinq ans, je n'aurai pas de problèmes majeurs. Je sais que tu es lent, anormalement « sage ». Très soucieux des codes, des consignes, que tu respectes scrupuleusement dès que tu es à l'extérieur de la maison. Le règlement de l'école dit entre autres choses : pas de violence. Silence dans les rangs. Pas de grossièretés, etc. Tu n'admets pas que ce ne soit pas appliqué. Bien que tu n'aimes guère l'école, tu te maintiens dans la moyenne. Sans plus. Tu n'as pas de camarades, pas d'amis.

Tout au long de ta scolarité, tu resteras seul dans la cour de récréation. Tes plaintes sont toujours les mêmes : les autres se livrent à des jeux trop brutaux. Tu ne veux pas y participer. Tu en as peur. Quand ils jouent à la balle au prisonnier et qu'on t'incite à te joindre à eux, tu fais perdre ton camp à cause de ta lenteur. Tu ne cours pas vite et même pas du tout. Tu ne sais pas attraper le ballon. Plus personne ne veut de toi dans son camp. Tu es hué. Tu me supplies d'intervenir pour qu'on te laisse en classe pendant les récréations. Tu veux dessiner ou écrire pendant que les autres jouent à leurs « jeux de brutes » – c'est toi qui le dis. J'essaie de te trouver quelque chose qui t'occuperait pendant les récréations : petits carnets sur lesquels tu peux continuer à inventer tes bandes dessinées, minuscules kaléidoscopes, casse-tête chinois, gadgets étranges... J'ai espoir que de la sorte tu attireras tes camarades. En effet, tous s'agglutinent quand tu tires le petit kaléidoscope de ta poche. Ils sont nombreux à n'en avoir jamais vu. Ils demandent s'ils peuvent regarder dedans. Durant deux ou trois récréations tu ne seras plus seul. Mais une fois qu'ils auront vu, ils repartiront très vite vers des jeux qu'ils préfèrent.

On cherche. On essaie de trouver autre chose.

Si on devait me faire remarquer que ces objets te confortent dans ta tendance à l'isolement, je répondrais : pas plus que la cigarette du fumeur solitaire.

Quand il est si difficile de partager une vie sociale, de se faire accepter par les autres, je crois naturel de retrouver au fond de sa poche un objet qui tienne compagnie, même s'il renforce les tendances autistiques.

Les deux dernières années, durant les classes de CM1, CM2, tu auras un jeune instituteur avec lequel tu discuteras beaucoup. D'ailleurs tu n'aimes parler qu'avec des adultes.

Plus tard, quand tu auras quitté sa classe, tu iras lui rendre visite le samedi matin en rentrant du collège. Tu seras fier de lui parler de tes nouveaux professeurs. Tu lui communiqueras tes meilleurs résultats.

Au fond, tout est affaire de personnes au sein des institutions.

La seule fausse note durant ton séjour à l'école primaire viendra d'une institutrice en classe de CE1 totalement hystérique. Tu n'avais pas compris l'énoncé d'un devoir de grammaire. Incompréhensible, il faut bien le dire. Personne à la maison ne pouvait t'aider à le faire, parce que personne n'avait compris.

Tu appréhendes de retourner en classe sans avoir fait ton devoir. Nous écrivons à ta maîtresse pour lui dire que nous n'avons rien compris à l'énoncé. Furieuse à la lecture de la lettre, elle jette ton cahier et la lettre au travers de la classe, en t'insultant.

A partir de ce jour, tu auras peur de retourner dans cette école.

Le lendemain matin, je décidai de partir plus tôt pour parler à ta maîtresse. A peine me vit-elle arriver dans la cour, qu'elle se mit à sauter partout comme ces jouets qu'on remonte avec une clef. Les bras en l'air, elle sautait en tous sens comme une sorte de lapin à ressort. Elle hurlait :

– Mais, madame, je suis enceinte!... Je suis enceinte! Vous ne voyez pas que je suis enceinte!

Elle était petite, maigre et nerveuse. Elle continuait de sauter partout dans la cour de récréation en criant « je suis enceinte » devant les enfants consternés. J'appris qu'elle était enceinte de cinq mois. Je ne pus m'empêcher de lui dire qu'une grossesse désirée – c'était le cas – n'était pas une maladie et qu'il fallait s'en réjouir. Surgit la directrice qui l'entoura de ses soins, tout en me jetant un regard noir me sommant de partir. Aucune discussion n'était possible.

Toi, tu étais terrorisé. Pas question de te laisser dans cette atmosphère orageuse. Je décidai de t'enlever le jour même.

Pas de chance pour cette année.

Par la suite, j'appris que l'institutrice venait d'obtenir un congé de longue maladie et qu'auparavant, elle avait déjà été en arrêt de travail pour des dépressions nerveuses récidivantes.

Une fois de plus la situation était bien une affaire de personnes.

Que faire ? Je me mis en quête d'une école privée.

Tant pis, je ferai quarante kilomètres par jour. Mon attention se porta sur une petite école parallèle qui promettait monts et merveilles. Très petits effectifs. Dialogue avec les parents. Enseignement personnalisé. La publicité disait qu'ici, on enseignait par petits groupes et que cet enseignement s'adaptait à chaque enfant, respectant son rythme, sa personnalité. Epatant ! L'école se trouvait dans une maison charmante. Il fallait essayer. Je considérai que cette année serait pour moi comme une année sabbatique. Je relâcherai un peu la pression sur toi. Dans cette école, il n'y avait ni classement, ni notes. Les enfants qui étaient de tous âges et très peu nombreux – une dizaine – estimaient eux-mêmes ce que valaient leurs devoirs. Il n'y avait pas de cartables, pas de travail à la maison. Des sorties à l'extérieur.

C'était juste un peu cher. Le contrat que j'avais passé avec la directrice était le suivant : Votre méthode m'intéresse. L'atmosphère de votre école aussi. Puisque vous dites que vous adaptez vos méthodes à chaque enfant et que je vous confie le mien, je vous demande deux choses : qu'il ait en sortant de chez vous le niveau requis pour éventuellement retourner l'année prochaine à l'école de notre village. Vous dites aussi qu'il faut laisser l'enfant prendre ce qu'il veut, ce qu'il peut dans votre enseignement. Je vous signale que le mien ne prendra rien du tout, si on ne va pas vers lui, si on ne le sollicite pas, si on ne l'accompagne pas. Autrement dit si on ne contrôle pas ses connaissances. Je souhaite que vous ne le laissiez pas « en attente ». Il sera trop ravi de ne rien faire.

C'était compter sans le fanatisme de la directrice, qui contrairement à ce que prétendait son slogan publicitaire, ne tenait aucun compte de la personnalité de l'enfant et continuait d'estimer que c'était à lui de venir à sa méthode et non pas à elle de s'adapter. « Il s'adaptera quand il s'adaptera. » Oui, mais à quel tarif de la journée ! Et cela me rappelait furieusement ce que j'avais fui chez les psychiatres : l'attentisme. Le dogme une fois encore, mais sous une forme beaucoup plus pernicieuse, parce que marginale. Je le compris par la suite cet enseignement était pour elle une sorte de religion, qui commençait à nous coûter très cher, vu les résultats.

Ce fut malheureusement le point noir de cette petite école. Sous des dehors charmants, un esprit fanatique. Le dogme. Encore le dogme. La directrice défendait sa méthode comme d'autres leur religion.

Dès lors, il me sembla que le mieux serait que pendant les grandes vacances, je fasse évaluer ton niveau général par une ancienne institutrice d'école et, le cas échéant, que je demande à quelqu'un de te faire travailler une ou deux heures de temps en temps. Ce qui fut fait. Je tissai autour de toi un petit réseau d'intervenants très efficaces.

Je n'ai jamais su faire travailler un enfant sur le plan scolaire. Ayant moi-même arrêté très tôt une scolarité lamentable vers seize ans, je n'ai ni la patience, ni le niveau, ni l'esprit nécessaires pour accompagner un enfant dans sa scolarité. Je risque de lui coller mon dégoût. Donc, je délègue.

Dans le même temps, je t'inscrivis au conservatoire de musique où tu suis toujours des cours de solfège et de clarinette. Je t'accompagnai aussi au judo. A la piscine. A l'escrime. A l'équitation. A un atelier d'art plastique.

A la rentrée scolaire suivante, tu es retourné à l'école du village. Ton instituteur que tu garderas deux ans – CM1-CM2 – fut particulièrement agréable et créatif. Il me signala juste ta lenteur, une certaine mélancolie, une tendance à l'isolement, une réticence à jouer et à te mêler aux autres.

J'observai aussi que, dès que les vacances arrivaient, dès que ton rythme de vie changeait, tu devenais morne. Comme si quelque chose en toi se déréglait.

Aujourd'hui, c'est encore le cas. Tout changement de rythme induit chez toi une véritable apathie. Il faut sans cesse te mettre sur des rails. Programmer au moins quelques heures de ta journée. Il faut t'entraîner. Parfois tu me fais l'effet d'une mécanique qu'il faut remonter. Presque toujours, il faut te donner l'impulsion nécessaire pour repartir. Bonnes paroles, récompenses, promesses gratifiantes, mais aussi menaces, houspillages, exercices pour aller plus vite dans l'exécution de choses ordinaires, comme se déshabiller, se laver, faire son cartable. Parfois, tu es d'une lenteur rampante, en décalage total avec l'emploi du temps d'une journée ordinaire. C'est comme si quelque chose en toi se retirait, laissant place à une enveloppe charnelle déshabitée. Je me demande comment tu vis tout au long de tes longues journées scolaires. Je crois qu'elles te réclament un grand effort.

Et puis, un jour tu as onze ans. On peut dire que tu es presque guéri. Non sans souffrance, tu vas affronter les enfants de ton âge. Chaque matin avec ton cartable de quatorze kilos, tu vas dans un collège tout à fait ordinaire. Tu es d'accord pour ce choix. Mais bien sûr, c'est un risque.

Quatorze kilos! Un peu plus du tiers de ton poids! Je te porte ton cartable. Il est vite trop lourd pour moi aussi. Lourd au point de rendre le trajet à pied impossible. On me dit que plus on est dans les petites classes, plus il est lourd. Plus tu grandiras, moins il sera lourd. C'est tellement logique, que je ne cherche pas à discuter. On me dit aussi que peu de parents s'en inquiètent. Quelques-uns tout de même. Peut-être ceux dont les enfants font la moitié du poids de leur cartable? Ce serait bien pourtant de marcher cinq cents mètres le matin jusqu'à l'arrêt du bus. Même ça, ils nous le confisquent. On ne peut pas non plus prendre deux vélos. Alors, un seul. J'arrime solidement ton énorme cartable sur le porte-bagages. Toi, tu pédales. Moi, je cours derrière. On attend le bus. On se quitte. Je reviens à vélo. Tout cela c'est possible jusqu'en novembre. Après, il gèle ou les routes sont trop boueuses.

Avec toi, je redécouvre les petits matins brumeux. Cotonneux. Les matins où il faut courir à peine réveillés jusqu'au bus de ramassage scolaire. Cartable de plomb. Chocolat, Ovomaltine, lait à la chicorée, céréales, vite avalés. Jus d'orange pressée. Oublié. Pas le temps pour sourire. S'embrasser. Surtout pas de temps pour rêver. Enfants tièdes à peine sortis du lit. Giclée d'eau fraîche, dentifrice. Bonnes paroles. Encouragements. J'aime pas l'école. J'aime pas le collège. Trop de bruit. Trop de monde. Trop brutal. Allons-y. Ne pas rater le bus. On met le cartable sur mon vélo. Tu pédales jusqu'à la station. Je cours doucement derrière ou à côté. Je vais au petit trot sur la route de campagne. Cinq cents mètres, ce n'est pas loin, ça va nous faire du bien. Automne. Petit matin. Regarde le paysage. Corbeaux qui tournent lentement. Fumée des maisons du village. Regarde le paysage. On a de la chance d'être à la campagne. Respire. Respire un grand coup. Un. Deux. Un. Deux. C'est drôle, on est comme au régiment. On obéit à un ordre invisible. Adieu les horaires souples. Adieu horloge biologique. Paraît-il, « biologique ». Il faut tenir LEURS horaires. Engueuler tout le monde. Matin brutal, loin de toute tendresse. Adieu poésie, écriture de la première heure. Regarde la brume. Le jour se lève. Ne t'inquiète pas. Pédale ! Avance ! Respire cette odeur. C'est la forêt. C'est l'automne. Pédale ! Il est moins vingt. Ne t'arrête pas. On est un peu juste. Ta carte de bus, tu l'as ? Accessible au moins ? Je t'avais dit « accessible ». Tu sais, plein de gens sont debout à cette heure-là. A Paris, ils sont tous dans le métro. Nous, on respire sur une route de campagne, toi sur ton vélo, moi qui cours derrière. Dépêche ! Pédale ! Arrête de bâiller. Tu as de la chance. Tu ne t'en rends pas compte. Il y a des familles où les gamins marchent à la trique. Les parents s'en foutent des cartables trop lourds. Il y a des familles où, je t'assure, il n'aurait pas fait bon naître. Allez ! Pédale ! Il est moins le quart. Tu t'arrêteras juste avant le virage, qu'on ne s'embrasse pas devant les autres. Tu me demandes de te passer des forces. On regarde le ciel. On jure qu'on s'en souviendra de la couleur du ciel. Au fait, tu peux me dire ce qu'est un PHONÈME ? C'est ta leçon de français d'aujourd'hui. Ils disent « français ». Un mois sur les phonèmes. Un mois pour apprendre par cœur des formules, des résumés. Un mois à digérer la connerie. Et pendant que tu m'expliques, je maudis tous les phonèmes du monde. A quoi ça sert un phonème ? A quoi ça sert de l'apprendre ? A quoi ça sert d'apprendre des tonnes de définitions auxquelles on ne comprend rien quand on a onze ans ? Pas à mieux écrire. NON. Pas à mieux lire. NON. Ça vous dégoûterait à jamais d'écrire ou de lire un phonème. Ça vous ferait dégueuler autant que l'huile de foie de morue de mon enfance. Ça se tortille dans le fond de la gorge comme une limace qui ne veut pas passer. Pour un enfant de onze ans, ça ne veut rien dire, un phonème. Rester un mois dessus c'est trop. Mieux vaudrait apprendre le code de la route à cet âge-là. On doit pouvoir y débusquer des phonèmes et en apprenant le code on risque moins d'accidents à motocyclette. Je crève de te voir apprendre une montagne de choses inutiles. Vides de sens. Je crève de t'y obliger. PHONÈME :

Elément sonore du langage articulé, considéré du point de vue physiologique (formation par les organes vocaux) et acoustique (caractères objectifs ou subjectifs à l'audition). La phonétique traditionnelle classe les phonèmes, d'après la présence ou le défaut de voix, en voyelles, consonnes sonnantes et semi-voyelles (ou semi-consonnes); nasalisation de certains phonèmes.

Tu as onze ans. Dis-toi bien que ça te servira pour plus tard. Mets-toi ça dans la tête. Ça doit faire partie de leur réforme. Tu resteras un mois dessus en classe de sixième.

Tu as tout juste onze ans, parfois dix, tu viens d'entrer au collège ou au lycée, prends cette définition dans les gencives. Apprends-la par cœur et fais l'exercice suivant pour montrer que tu as compris. C'est ça le français. C'est des définitions qu'il faut apprendre. C'est des règles qu'il faut savoir.

Retenons :

Les **voyelles nasales** *sont toujours notées par un graphème composé.*

Exemples : [ɑ̃] est notée par **an, en, em,** *etc.*
[ɛ̃] est notée par **in, im, ain,** *etc.*

Exercices de contrôle et d'application

1 Relevez, dans le texte, toutes les voyelles orales notées par une lettre-voyelle de l'alphabet.

2 Relevez les voyelles orales notées par un graphème composé.

3 Relevez les mots dans lesquels la voyelle orale [ə] n'est pas prononcée.

4 Notez une voyelle nasale représentée par un graphème composé dans lequel le **n** *s'est transformé en* **m.**

5 Quel est l'adjectif qui a servi à former le verbe **importuner?** *Quelle remarque pouvez-vous faire sur le graphème composé qui note la voyelle nasale [œ̃] dans l'adjectif?*

6 Relevez, dans le texte, deux graphèmes composés différents qui notent la même voyelle nasale.

7 Ecrivez en chiffres arabes, chiffres romains ou lettres, comme il convient:

[lə kaɪɔʀzə ʒɥijɛ milsɛtsɑ̃kaʈʀəvɛ̃nœf].
[lə ʀwa lwui sɛz]. [kaʀɑ̃tədø ʀy də paʀadi].
[lə vɛ̃tiɛm sjɛkl]. [œ̃ ʒigo də tʀwa livʀ].

Quand tu as plus de onze ans en sixième, disons treize, c'est que tu es en « situation d'échec », comme ils disent entre eux. Tu n'en as rien à foutre des phonèmes. Rien à cirer. Tu as redoublé ton CP, puis une autre classe, une autre encore. Pour toi pas d'issue. On se demande à quoi te serviront les phonèmes. Tu perds ton temps dans une vie perdue d'avance. Au lieu de t'enseigner des choses concrètes, on te bassine avec les phonèmes. Gageons qu'à force de voir le mot chômage, tu sauras en trouver des phonèmes. Toi, qui as quatorze ans en sixième, quinze ans en cinquième, il y a longtemps qu'on aurait dû s'occuper de ton cas, dès le cours préparatoire, au lieu de nous rabâcher que l'école laïque offre les mêmes chances à chaque enfant. C'est scandaleusement faux. Tu ne deviendras pas même un bon artisan faute d'apprentissage. « De mon temps », il fallait être bon en maths.

Aujourd'hui, la mode, l'avenir, c'est le français. C'est pourquoi on ingurgite des définitions au lieu de s'amuser en écrivant. Ce n'est pas forcément la faute des professeurs, c'est qu'il faut SUIVRE LE PROGRAMME. Et par qui est-il fait le programme ? Par des gens qui ne connaissent rien aux enfants de onze ans. Par des femmes et des hommes qui ont perdu leur enfance depuis longtemps.

Ô saisons ! Ô châteaux !

Qu'ils sont loin les châteaux de sable ! On n'a pas même eu le temps de les voir s'effondrer, pas même eu le temps de jouer, d'inventer, de rêver, qu'il faut digérer la page qui suit. Quant aux parents, je parle de ceux toujours prompts à exiger le maximum de devoirs et de leçons « à la maison », je rêverais de les voir rendre leur copies sur les phonèmes ou autres inutilités du genre. Ils n'auraient sans doute pas la moyenne, ceux qui fustigent leurs enfants.

Où est le problème ? Le problème c'est qu'il ne faudrait pas apprendre par cœur des définitions avant d'écrire spontanément, librement. Avant de s'amuser en écrivant. Avant d'INVENTER.

Décidément, il n'y a pas de joie dans le mot phonème. Pas d'éclat de rire. La définition du mot phonème tue le désir d'écrire. C'est un coup de règle sur les doigts. C'est un sale mot pour un enfant de onze ans. Une saleté de mot. Un carcan. Vous êtes des oies mes enfants. Des canards qu'on gave à faire crever. Il est huit heures. Ouvrez le bec que j'y enfonce un entonnoir, que je vous y mouline des définitions, des résumés, des phonèmes.

Ceux qui rédigent vos livres feraient bien de revisiter leur enfance.

Le même jour, je fais réciter sa leçon de géographie à ma fille de huit ans, qui est en CE2 :

– Les deux tiers du globe sont recouverts d'eau.

– C'est quoi les deux tiers ?

– C'est une grosse moitié.

A cet âge, ils n'ont pas encore appris les fractions, alors pourquoi parler de tiers et de quarts ? On peut expliquer les choses autrement.

En vérité, il n'y a pas que les « *sanglots longs des violons de l'automne qui blessent mon cœur d'une langueur monotone* ». Non. Je crève de l'imposture des technocrates. Je crève d'obliger mes enfants à apprendre par cœur des formules qui n'ont rien de magique et dont le sens leur échappe complètement.

Ce matin, c'est le premier jour d'école pour ma petite fille aussi. Elle qui a vécu comme une sauvageonne tout l'été, porte vaillamment son cartable neuf et deux nattes bien serrées. Dans l'air qui a fraîchi, il y a quelque chose d'un peu solennel et de fébrile qui accompagne ce jour de rentrée. On marche dans une lumière qui annonce l'automne. Toute joyeuse, elle s'exclame :

– Tu entends, notre tourterelle, comme elle roucoule ! C'est vraiment une bonne vieille tourterelle !

Cette phrase c'est deux fois rien. Mais pour moi, elle a une grande force poétique et traduit ce qu'elle éprouve ce premier jour de rentrée. La tourterelle n'est ni meilleure, ni plus vieille qu'hier, mais ma petite fille s'est levée plus tôt, joyeuse mais avec le cœur « qui pince ». L'été c'est fini et la tourterelle sur la route de l'école, elle aussi lui semble assagie. Elle devient « vieille et bonne ». Glissements poétiques spontanés, qui nous font adorer nos enfants, oublier les quelques tourments qu'ils nous infligent. Un peu plus loin, en sautillant, et en me prenant la main, elle me dira :

– Sens cette odeur ! Tu ne trouves pas que l'air sent les vieilles clefs ?

Il y a je ne sais quoi de rouillé dans l'air qui annonce l'automne. Les arbres commencent à perdre leurs feuilles. La lumière se fait rasante. Pourquoi, l'air ne sentirait-il pas les vieilles clefs ? Comment ne pas prendre comme un cadeau ces deux petites phrases au travers desquelles un jeune enfant vous communique sa mélancolie légère en même temps que sa formidable énergie de vivre ?

Je ne suis pas certaine qu'on la laissera écrire dans une rédaction : « L'air sentait les vieilles clefs. »

L'école tue toute ébauche de créativité. Faute de moyens. Faute d'imagination. Faute de réformes. Faute de quoi encore ?

Il faudrait consacrer au moins une heure par jour à *retourner dans sa tête*. Sa rêverie. Ses pensées. Le meilleur sujet de rédaction serait de raconter ce chemin personnel. Surtout personnel.

Qui est responsable de ce génocide de l'imaginaire ?

Comment arrive t-on à se sentir complice de mauvais traitements à enfants ? Car enfin accepter l'interdit sur le rêve, les jeux, l'insouciance qu'est ce d'autre que d'infliger de mauvais traitements ? Comment devient-on ce bourreau ?

Comment s'y prendre pour *retourner dans sa tête* ?

Chaque matin, avant de commencer la classe, tous les enfants devraient pouvoir écouter Mozart. Ou un autre musicien. Juste quelques mesures. Ils devraient avoir accès à la joie et à l'apaisement. Oui, chaque matin. Le choix est infini. Enregistrements du vent dans les arbres. Chants d'oiseaux. Bruit des vagues. *Voix a cappella*. Toutes sortes de sons. Juste un peu. Cinq minutes. Pour rééduquer leur oreille. Pour stimuler leur imaginaire. Pour apprendre à se concentrer. Apprendre à écouter. Au lieu d'avoir à supporter ces tuants cris de tête glapissant : – taisez-vous ! – Ils devraient pouvoir ouvrir un cahier sur lequel, ils écriraient, dessineraient, barbouilleraient ce qu'ils ont sur le cœur. Quelque chose de personnel. Un rêve. Une pensée. Une douleur. Ou rien. Ecrire, peindre, sculpter, dessiner, chanter, c'est communiquer. Mais ce n'est pas le rôle des institutions qui pourtant raflent entre huit et dix heures par jour du temps aux enfants pour leur apprendre avant tout à se conformer. La plupart d'entre eux, jamais, n'entendront une seule mesure de Mozart, si on ne le leur fait pas écouter en classe. L'école laïque qui se veut avant tout égalitaire est en train de fabriquer, à côté de ses élèves bons et moyens, un ghetto d'enfants illettrés, qui n'ont aucune issue, largués qu'ils sont à la fois par l'école, et leur famille. Parmi eux, un grand nombre de « vrais petits Français ». Comment comparer « le retour à la maison », de celui qu'on aidera pour faire ses devoirs, et le retour dans un clapier hurlant de celui qui retrouvera des parents, frères et sœurs marginalisés par la pauvreté, la violence, le chômage. C'est le rôle de l'école d'apprendre aux enfants à faire leurs devoirs et à s'organiser. En ne portant pas assistance aux plus démunis, l'école laïque se fait pourvoyeuse et complice de cette misère. Ainsi qu'en continuant à proposer un programme inadapté, en évacuant l'accès aux disciplines artistiques et en ne consacrant pas assez de temps au sport. Voire pas du tout.

On retrouve ce caractère borné du côté des institutions psychiatriques. Le dogme c'est le dogme. Même si on régresse. Même si on se trompe. Il ne faut pas sortir des protocoles. Il ne faut pas innover. Il ne faut pas inventer. Et que penser des parents qui souhaitent que leur enfant « entre dans le moule » ? A leur décharge, il faut dire qu'ils n'ont pas toujours le choix. C'est vrai qu'il faut avoir la peau dure pour résister aux institutions. Ainsi, les autistes resteront autistes, et d'autres qui ne l'étaient pas risquent de le devenir en partie, dans une société qui devient elle-même autiste et reste désespérément sourde aux besoins les plus élémentaires de ses enfants.

Ô perdre le fil d'une pensée, d'un songe, d'un éclat...

A moi aussi, l'écriture du matin est confisquée. Des oiseaux s'envolent de ma tête. A jamais perdus dans le ciel. Je suis seule à savoir qu'il y a autant d'oiseaux dans ma tête.

Il va falloir que je double tout le monde. Ce petit monde adoré. Il suffira que je me lève à trois ou quatre heures rejoindre l'aube de Victor Hugo. Pas de repos. Pas de retraite pour un écrivain. Pas de couette douillette. La guerre d'usure. La lutte silencieuse avec l'ange et le démon.

C'est en recueillant l'eau fraîche, en m'éclaboussant le visage que viennent les premiers mots, les premières phrases dans cette solitude où le bonheur me semble toujours ancien.

On dirait que désormais aucun deuil ne peut m'atteindre.

Alors, dans la lenteur du jour, l'aube, les heures claires du matin, comme sur le tamis de l'orpailleur se déposent les miettes du rêve. La juste lenteur, le réveil sans douleur. La naissance au monde, à la journée qui vient. A l'heure présente. Comme s'il s'agissait d'amour. De lentes étreintes. De la caresse achevée. Au lieu de ce bonheur, le regard est fixé sur la montre. L'heure à tenir. La cadence. Pas de place pour l'enfant rêveur, rendu faible par la poursuite de son rêve. Comme on est affaibli par le sentiment amoureux quand il est sans retour.

Je ne savais pas que ce fluide, cet état, ce courant, cette matière impalpable s'appelait l'énergie. Et que de l'énergie naissent la passion et le désir. Je l'ai su lorsque l'énergie m'a quittée. C'est arrivé après que je me fus beaucoup occupée de toi, au point de ne plus rien désirer pour moi. J'ai compris que je me trouvais dans l'errance, propre sans doute à beaucoup d'êtres, et que cet état ne pouvait mener qu'au désespoir. A la dépression. A un lent processus de détérioration. De désincarnation. On est alors transformé en véritable zombi au masque figé. L'énergie peut vous quitter brusquement ou insidieusement. On perçoit le monde autrement. La mer n'est qu'une étendue d'eau grise. L'odeur du foin coupé ne fait plus naître le songe. Les jours succèdent aux jours.

On se doute alors que l'énergie prend ses racines dans l'enfance. C'était ce désir fou d'ouvrir la fenêtre d'un train en pleine vitesse pour y recevoir l'air et la pluie. C'était la volonté impérieuse de peindre, de sculpter ou d'écrire. Durant les siestes d'été, c'était la contemplation des murs et du plafond où la lumière filtrant au travers des volets projetait comme au travers d'une lanterne magique le monde entier sur le papier de la chambre. Des voix montaient de la cuisine avec des bruits de vaisselle qu'on range. Des voix venaient du dehors. On entendait courir des enfants sur le gravier, claquer une portière de voiture, démarrer un moteur. On pouvait voir la projection de leurs silhouettes sur le plafond. *A quoi tu rêvasses encore?* A cette perle de verre qui brille entre les lames du plancher. Dedans c'est Venise. Plus la peine de voyager. Tout vous porte *ailleurs.* Le moindre souffle d'air, le moindre craquement de branche. Le front sur la vitre on s'abîmait dans la contemplation de rien, apparemment rien, la transparence d'une feuille dans la lumière, un insecte renversé sur le dos. L'univers entier dans une coquille de noix. Le temps était suspendu à cause d'un nuage blanc qui ne bougeait plus dans le ciel. Il s'entêtait à demeurer immobile.

On a sept ans. On a vingt ans. On en a quarante. On éprouve une étrange mélancolie au passage de lourds avions dans l'azur. A cause de cette impression indicible, de *déjà entendu*. Où ? Quand ? Le bruit des avions quadrimoteurs et des sirènes me plonge toujours dans une sorte d'anesthésie fascinée. Née pendant la dernière guerre, peut être ai-je vécu des alertes « in utero ». C'est là que j'ai dû entendre avions et sirènes. Toute petite, ce bruit ouvrait en moi une brèche vers une part de ma mémoire dont je savais qu'elle ne me servirait pas à l'école. Certains bruits, certaines odeurs m'arrêtaient net dans mes jeux. Ces bruits, ces odeurs étaient les clefs du songe. Et le songe est une force. Une volonté.

C'est en y entrant – on apprend à y entrer – qu'on en revient avec des trésors enfouis. Parfois, il faut creuser loin.

La fréquentation quotidienne d'un enfant autiste qui s'acharne à évacuer ce qu'on appelle « la réalité » pour rejoindre « son » monde est l'exemple de ce que je dis là. Il n'est pas impossible d'équilibrer ces deux pôles. Mais voilà qu'on s'obstine à tuer la rêverie dès l'enfance. Voilà le séisme provoqué par l'école, la vie moderne, la cadence, le temps passé devant les programmes de télévision. Pour certains enfants, plus de dix heures de présence à l'école, c'est-à-dire, dans les cris, la tourmente des autres. Sans aucune possibilité de s'isoler. Pour beaucoup, c'est un processus de destruction, une souffrance qu'on ne peut pas même nommer. Aucun adulte n'y résisterait. Depuis longtemps, ils auraient appelé à la grève. Dix heures de présence à l'école. La moulinette du « tout par cœur » au détriment de l'imagination, de la création, c'est invivable pour beaucoup d'entre eux. Dès l'âge de deux mois, dix heures de collectivité dans les cris, les pleurs, les odieuses voix de tête, c'est une atteinte à la personnalité de l'enfant. A son intégrité. Ou il faudra résister, en devenant fort et violent. Ou en se taisant. En développant une apparente passivité, qu'on aura vite fait d'assimiler à de la paresse ou à un comportement asocial. Certains enfants, très jeunes, voire bébés, n'ont pas envie d'entrer dans le moule. Les obliger à reproduire le même dessin au pochoir que celui de son voisin, ou à se dandiner sur une chansonnette leur est insupportable.

Pour nous tirer de là, toi et moi, je développe une véritable « stratégie de l'araignée ». J'évite de plus en plus de parler de ton passé. Je tisse un réseau invisible autour de toi en mettant deux ou trois personnes dans la confidence. Juste dire que tu as tendance à l'isolement et que c'est aussi bien que tu ailles à la bibliothèque, plutôt qu'en récréation. Dire que tu ne peux pas pratiquer le sport au même rythme que les autres et que bien sûr tu es lent. Dire aussi que tu as du mal à prendre la parole et qu'il faut te solliciter. Dire enfin que tu risques de te faire taper dessus et d'être l'objet d'une certaine brutalité et de moqueries et que tu ne te défendras pas. Je tisse ma toile. Je multiplie les relais bienveillants autour de toi. On m'écoute avec attention. Je n'en abuserai pas. Je sais que tu es relativement protégé au sein de ce collège. Je sais que toute brutalité sera sanctionnée, comme elle devrait l'être d'ailleurs vis-à-vis de n'importe quel enfant. Par reconnaissance et pour que tu me voies investir des lieux que tu redoutes, je propose d'animer un atelier d'écriture. Il aura lieu une fois par semaine. C'est à l'heure de la cantine.

L'annonce distribuée est ainsi rédigée :

Si tu entends des mots
Si ces mots se pressent dans ta tête
Si tu n'as pas peur de les écrire,
Alors, OSE
Viens me rejoindre à l'atelier d'écriture.
Toi aussi, tu peux ÉCRIRE
aussi librement que tu respires.
Je peux t'aider.
L'écriture tient une grande place dans ma vie
Avec toi, je veux bien partager
ce que je connais.

D'autres enfants se joignent à toi. Nous explorons le langage sans trop nous soucier de la forme. Nous jouons avec les mots. Nous écrivons sur une grande feuille de papier que je déroule au tableau. Chacun peut y écrire les mots, les phrases qui lui passent par la tête. Chacun met son nom sous ce qu'il a écrit. Chacun doit pouvoir reconnaître ses phrases comme étant les siennes et doit pouvoir les signer, sauf s'il n'y tient pas. A chacun sa voix. A chacun sa tonalité particulière. Quand on écrit un texte collectif, les phrases des uns et des autres pour être reconnaissables seront d'une couleur choisie par chaque enfant ou d'un caractère d'imprimerie qui lui sera propre. Il faut apprendre à écouter et à reconnaître sa propre voix avant de la mêler aux autres. Chaque élève de cet atelier d'« éveil à l'écriture » comprendra que sa voix est unique au monde.

Parfois, je me dis que si pendant mon enfance un écrivain était venu dans mon collège et que je me sois trouvée libre d'écrire sans souci de la grammaire ou de l'orthographe, ma vie aurait été moins difficile à certains moments.

Aujourd'hui, c'était le premier jour de mon atelier d'éveil à l'écriture. Ils étaient trente-trois, plus un professeur de lettres qui souhaite m'accompagner.

Je viens de les quitter et je suis là dans ma voiture sur le parking de Carrefour à essayer de prendre des notes à chaud. Il y avait autant de filles que de garçons. J'ai senti une attente. Une faim. J'ai senti un courant. Toi, Sylvestre, tu étais tout petit au milieu d'eux.

Je crois que je leur ai dit beaucoup de choses. Trop peut-être. J'avais apporté des feuilles et des crayons au cas où ils n'en auraient pas. Je n'avais rien préparé. Il me semblait qu'il fallait d'abord faire connaissance. Nous n'avions que trois quarts d'heure.

Je leur ai dit :

Imaginez :

Vous vous trouvez en grand danger. Disons que vous allez mourir. Un seul mot peut vous sauver. Ecrivez-le sans réfléchir. Mettez votre nom si vous le souhaitez.

Je leur ai dit de l'écrire vite et comme pour le jeu des petits papiers de plier la feuille et de la déposer dans la boîte sur mon bureau. Je me suis retrouvée avec trente-trois petits billets. J'ai eu l'impression d'un trésor et que l'aventure allait commencer.

Maintenant je suis là sur ce parking. Je déplie les billets. C'est le mot *amour* qui revient le plus souvent.

Presque tous ont signé.

A la question : Pourquoi es-tu venu ?

Presque tous ont répondu : *Pour affronter la peur d'écrire.*

Aujourd'hui, à onze ans, tu as une apparence tout à fait normale. Il faut un œil exercé pour déceler chez toi quelques gestes stéréotypés, agitation des mains, balancement excessif des bras quand tu marches, légère atonie musculaire. Au collège, tu as une détermination à n'employer que des mots choisis ou rares. Selon l'expression consacrée tu « parles comme un livre ». Je sais que c'est une façon de te protéger des autres, de te démarquer, de t'opposer à la grossièreté de langage de beaucoup d'enfants. Ce français châtié que tu pratiques indispose et déstabilise certains de tes camarades et quelques adultes. On m'en parlera comme d'un problème. J'éclate de rire et demande si le problème ne serait pas d'entendre les autres hurler, n'employer qu'un nombre restreint de mots ou d'expressions, toujours les mêmes, ponctués par : « p... de ta mère ». « Va t'faire enc... », etc. Bref, tout ce qu'on entend quand on circule ou qu'on attend devant un collège.

Avec des airs de linguiste outragé, tu m'expliques que tu ne veux faire aucune concession à la vulgarité et que tu t'opposes à ce langage relâché.

Je sais le chaos que tu vis parfois.

Je sais la mélancolie qui t'envahit.

Je sais les coups d'épingle dans la chair.

Je sais le danger de vivre sans protection une longue journée, malmené, bousculé par les autres.

Tu appelles ça le bagne.

Tu parles souvent de la brutalité de tes camarades, leurs cris, la musique qu'on vous inflige dans le bus de ramassage scolaire. Dans ce bus tu deviens le souffre-douleur et l'objet de sévices tout à fait ordinaires, que sans doute beaucoup d'enfants à leur entrée en sixième doivent supporter de la part des plus grands. En règle générale, les parents n'interviennent que rarement, estimant que c'est la vie et que leurs gosses n'ont qu'à se défendre seuls. Pendant plusieurs jours tu subis le malaxage des oreilles, les claques sur la tête, les injures et les crachats durant les trois quarts d'heure que dure le trajet. Bien entendu, tu ne te défends pas, ce qui excite la brutalité des autres. Tu ne me dis toujours rien car tu te doutes certainement que j'irais mettre bon ordre à ces agissements. Un matin je m'aperçois que tes lobes d'oreilles sont légèrement coupés. Je te demande si quelqu'un tire dessus. Tu dis que non. Et puis, un soir, tu me tends le brouillon d'une lettre que tu souhaites adresser au Président de la République. Dedans c'est écrit que tu en as assez de la brutalité des enfants du bus et que lui ou un de ses ministres doit venir sur-le-champ constater les faits. Je te dis qu'il y a d'autres moyens. Je vais voir le chauffeur qui me confirme que tu es bien le souffre-douleur d'un petit groupe qui ne cesse de te harceler, que le trajet est insupportable pour toi et qu'il est sur le point de supprimer leur carte de transport à ces petites brutes. Je me demande pourquoi il ne m'en a pas fait part avant. Au fond c'est comme dans le métro quand on viole ou violente quelqu'un et que personne ne lève le petit doigt. Mais on n'est pas dans le métro. J'obtiens le nom du meneur et je lui téléphone. Les choses se calment un peu, puis reprennent de plus belle. Je t'explique que maintenant on ne peut plus éviter une confrontation entre ce gamin et les autorités du collège, lesquelles se montreront compréhensives et très solidaires. A chaque nouvelle tentative d'agressivité, je me débrouille pour aller moi-même tuer la menace dans l'œuf.

C'est ce qui me coûte le plus d'intervenir et d'occuper le terrain. Mais tant que tu n'es pas capable de te battre ou de parer les coups, il faut bien que je t'aide à te défendre.

L'atelier d'éveil à l'écriture, c'est toutes les semaines. Le vendredi entre treize heures et treize heures quarante cinq. Trois quarts d'heure. Ce n'est pas très confortable comme horaire, mais on peut tout de même faire quelque chose. N'y viennent que des volontaires. De la sixième à la troisième. Il y en a qui partent. Reviennent. Repartent.

La première année fut un peu difficile. Je pensais qu'ils apprécieraient d'être libres, comme je le souhaitais moi-même quand j'avais leur âge. Quand ils le sont, ils n'écrivent rien. Pas même deux mots. Ils ont besoin qu'on les lance.

Les choses se déclencheront le jour où je leur lis une lettre rédigée par les élèves d'un autre collège me demandant si je veux bien répondre à leurs questions sur la barbarie dans le monde. Sous l'impulsion de l'association ***Traction Avant***

Cie, ils ont réalisé une plaquette intitulée : *Je t'écris pour la vie.*

Je la fais circuler dans l'atelier et nous griffonnons notre premier texte sur une grande feuille de papier où chacun vient librement écrire une phrase en réponse à ces élèves, une phrase qui commence par : *je t'écris.*

Donc, comme cent quarante-neuf autres écrivains en France, j'ai reçu la lettre suivante :

En voici quelques extraits :

Nous sommes les élèves de quatre classes. Deux CM2 et deux classes de collège et c'est la deuxième année que nous travaillons sur le thème de la barbarie. Pourquoi avons-nous choisi ce thème ? Parce qu'il nous concerne : il y a trop de barbarie dans la vie de tous les jours. Il y a aussi une autre raison : une des écoles primaires est à Oradour-sur-Glane et l'un des collèges est à quelques kilomètres. Or, le 10 juin 1994 marquera le cinquantième anniversaire du massacre d'Oradour. Nous préparons la commémoration de cet acte de barbarie. Mais notre projet s'appelle : « je t'écris pour la vie ». Nous aimerions que des adultes qui vivent dans un monde complètement différent du nôtre nous donnent leur opinion sur les moyens de lutter contre la barbarie pour ne plus connaître les atrocités que d'autres générations ont subies et dénoncer celles qui existent. Voulez-

vous être notre partenaire ? Nous aimerions beaucoup connaître votre point de vue sur les questions suivantes : qu'évoque pour vous le nom Oradour ? En quoi vous sentez-vous concernée par la commémoration du massacre d'Oradour ? Avez-vous déjà été confrontée à une forme de barbarie dans votre enfance ? Dans votre métier ? Pour vous existe-t-il un moyen de lutter pour faire reculer la barbarie dans le monde et éviter l'indifférence face à elle ? Quels conseils pouvez-vous nous donner ?

Signé *:*
Les élèves des écoles et collège de :
Oradour – Saint-Junien – Vénissieux.

Suivait la plaquette – *Je t'écris pour la vie* – foisonnante de phrases poétiques, éditée par l'association ***Traction Avant Cie***.

Voici quelques phrases des enfants :
Alexandra – Sandrine – Stéphanie – Jean-Philippe – Dara – Hatim – Amel – Sébastien :

Je t'écris pour m'éloigner de ce désert.
Le paradis, c'est quand je suis chez moi,
que je prends mon accordéon
et que j'oublie toute la misère.
Je t''écris parce que les ruines me font peur
Je t'écris parce que jouer est une façon de s'aimer.

Pourquoi les filles portent-elles des jupes?
Parce qu'il y a des volets aux fenêtres.
Je t'écris parce que j'adore le silence du chien
Je t'écris parce que j'aime beaucoup les ponts

Je dis ruine
quand les rires des enfants disparaissent
quand plus personne ne nous soutient
quand les objets auxquels on tenait tant
sont brisés:
les machines à coudre,
les vélos, les voitures, les tasses à café,
et les photos

Pensant au feu, aux flammes,
qui détruisent des forêts et de l'herbe verte.
Je dis Martyr,
pensant à Oradour-sur-Glane en flammes,
à la petite Isabelle brûlée qui joue maintenant
pensant au sang des flammes
au jaune du soleil
aux nuits des fumées,
aux blancs des anges.

Bien sûr, je leur ai répondu :

Je t'écris, parce que moi aussi j'aime beaucoup les ponts.

Je t'écris parce que lorsque j'avais ton âge les mots soufflaient fort dans ma tête. Je les écrivais. Personne ne les lisait.

Je t'écris, je vous écris parce que vous me bousculez. Parce que vous écrire chasse une autre écriture. Je vous écris parce que écrire, c'est ***RÉSISTER.*** *Nous résisterons ensemble. A nous-même d'abord. A ce qui nous fait perdre le goût de* ***RÉSISTER****. Donc d'aimer. Donc de lutter. Car il faut du courage parfois pour retrouver le goût d'aimer ou pour continuer d'aimer.*

Je t'écris, je vous écris parce que vous avez bien fait de m'envoyer cette lettre. C'est ***VOUS*** *qui me tendez la main. J'ai toujours pensé que les enfants, bien qu'ils nous bousculent et nous malmènent de* *temps en temps, étaient porteurs de chance. Véritables flambeaux. Toutes étincelles, ces gerbes d'étincelles me viennent d'eux...*

Je crois que ma lettre sera longue, mais il faut du temps pour s'expliquer. C'est-à-dire apprendre à se connaître.

Je t'écris parce que c'est l'automne et que je me souviens des mots qui se pressaient dans ma tête quand j'avais sept ans. Et quand j'avais cet âge-là, tout comme vous, je savais que la mort existait. La séparation. l'absence. L'atrocité.

En marchant à Oradour, je l'ai su immédiatement.

Figurez-vous que j'ai perdu votre livre. Je le cherche partout dans la maison. Quelqu'un l'a aimé. Emporté sans doute. Alors j'essaie de me souvenir. L'un d'entre vous aimait beaucoup les ponts. Un autre jouait de l'accordéon et sa musique cachait la misère. Quelqu'un parlait d'amour, de l'herbe irisée comme Rimbaud. Je crois que c'était un garçon. Je crois qu'il se souvenait d'avoir été fichu dehors par une famille. Il en avait trouvé une autre. Je me souviens de beaucoup de printemps. D'objets cassés après le carnage.

Je tourne dans la maison pour chercher votre livre. Il me ***MANQUE****. Du coup, devant moi c'est comme une fenêtre murée... Mais les mots qu'on a lus dans un petit livre de lumière et même sur une* *vieille affiche déchirée, et même dans un carnet trempé de pluie où l'encre commence à se diluer, ces mots vous rattrapent toujours. Ils se couchent dans le creux de l'oreille. Ils vous réveillent la nuit. Ils vous appuient sur le cœur. Ils vous consolent. Ils vous éclairent quand il fait sombre.*

J'ai la chance de ne pas être aveugle. Mais sans votre livre, je suis juste comme à ce jeu de colin-maillard, je me dirige au bruit que font vos mots, à leur rumeur.

Vous me parlez de barbarie. La barbarie est partout. Et si nous n'y prenons garde on peut dire qu'elle est en chacun de nous. La barbarie est dans la cadence du travail. Déjà à la maternelle : la cadence, les rythmes contrariés des bébés, des mères. L'opprobre sur elles, sur eux quand ils n'entrent pas dans la danse, la cadence des horaires. La barbarie ? Dans les rythmes scolaires. Trop de devoirs. Trop d'heures de cours qui ne servent à rien. Trop de technocrates qui décident de ce qu'il faut apprendre au détriment de la création et d'un réel apprentissage. L'absence de poésie. De musique. C'est la barbarie. La barbarie est présente aussi dans cette lucarne froide, la plupart du temps, immonde et racoleuse qu'on appelle « TÉLÉ ». Ne vous faites pas complice de la barbarie. Ne laissez pas les images des feuilletons, des films ou des jeux débiles **gober** *ce qu'il y a de meilleur dans vos cerveaux. La télévision propose un crime toutes les* *quatorze secondes. Et ce sont des adultes qui vous veulent du bien qui concoctent vos programmes. Alors donnez-leur la gifle qu'ils méritent : fermez-la! Verrouillez cette boîte à crimes! Trouvez la force de faire autre chose. Et puisque la télévision pourrait être un formidable instrument de communication et de culture, faites vous-mêmes vos reportages. Créez vos propres réseaux. Entrez dans la résistance! Dénoncez la bêtise fondée sur le profit. (On peut inverser la phrase.) Faites baisser l'audimat. Vous trouverez des adultes pour vous aider à réaliser vos propres reportages, vos propres fictions, comme aujourd'hui ceux qui vous ont accompagnés pour écrire avec vous ce petit livre de lumière.*

Vous, les enfants d'Oradour, de Vénissieux et d'ailleurs, vous êtes comme un peuple. Vous devriez voir vos droits respectés. Vous devriez être invités à faire partager vos idées. Vous devriez être associés aux affaires de la cité, en étant par exemple partenaires des architectes qui tracent les plans de vos écoles, vos collèges, vos terrains de jeux, vos habitations. De même vous devriez réaliser votre propre télévision. Ecrire vos livres. Jouer vos spectacles.

N'oubliez pas non plus que la barbarie est peut-être sur le palier d'en face. Rien qu'en France, il meurt chaque année près de huit cents enfants sous les coups des adultes, sous les sévices sexuels. Ne pratiquez pas la loi du silence. Vous trouverez sur votre route quelqu'un à qui en parler.

ORADOUR

Je l'ai visité quand j'avais douze ans. C'était l'été. Un soleil de plomb. Le silence. Le silence des ruines et des ossuaires. Juste distrait par le chant des oiseaux.

Ce jour-là, j'ai su qu'Oradour entrait dans ma poitrine. J'ai su qu'Oradour ne me quitterait jamais et que le silence d'Oradour se poserait devant moi.

Aujourd'hui, vous m'écrivez. Je me souviens des ruines. Je me souviens d'une machine à coudre par une fenêtre, d'une église aux dalles tachées de sang. Le guide dit qu'on y avait enfermé les femmes et les enfants et que tous y furent massacrés. Brûlés vifs.

Tandis que je marchais dans Oradour l'été de mes douze ans, il faisait vraiment chaud. Dans les ruines j'entendais les cigales. Des enfants échappant à leurs parents couraient dans les rues pétrifiées pour cueillir les coquelicots qui avaient poussé entre les pavées.

Je ne savais pas que partout dans le monde le massacre se perpétuait. Que la barbarie continuerait.

Elle n'a jamais cessé.

Mais toi, aujourd'hui à Vénissieux, à Oradour, à Sarajevo, tu seras aux commandes demain. Peut-être pourras-tu changer l'ordre de ce monde ?

Votre lettre arrive au bon moment, car figurez-

vous que cette année j'ai voulu moi aussi accompagner des enfants de votre âge dans un collège de Dijon. J'ai l'espoir de leur donner un bon virus, celui d'écrire, celui de dire ce qu'on a sur le cœur. Celui d'entreprendre. Celui de créer, de fusionner avec les autres. Celui de se dépasser. Celui de partager. De lutter. Celui d'aimer.

Ce serait bien de lancer des ponts partout. Quand on aura nous aussi un petit livre, je vous l'enverrai. Saluez vos amis adultes qui vous accompagnent.

A propos, je viens de retrouver votre livre. Je l'ai aussitôt apporté au collège. Des élèves de l'atelier en ont lu des passages. J'en ai lu aussi. Ils vous ont écrit une lettre dont chaque phrase commence par « je t'écris ». J'ai aussi parlé de vous partout où je le pouvais. Chaque fois qu'on me donnait la parole. Et même quand on ne me la donnait pas. Je veux dire la foi et l'espoir que j'ai en vous les enfants.

J'ai du mal à vous quitter, mais j'ai du travail.

Je vous embrasse tous.

Réponse des enfants du collège de Dijon aux enfants d'Oradour, de Saint-Junien et de Vénissieux.

Je t'écris pour te donner la main
Je t'écris pour te dire que l'amitié et l'amour c'est important
Je t'écris parce que c'est une liberté
Je t'écris parce que j'ai envie de dire ma vie
Je t'écris pour que les guerres s'arrêtent et que les villages renaissent
Je vous écris pour vous répondre enfants du malheur
Je t'écris parce que j'ai peur de la vie
Je t'écris parce que tu me manques
Je t'écris parce que j'aimerais être une lettre pour traverser le ciel.
Je t'écris car ma vie est triste
Je t'écris parce que je me souviens quand j'étais

dans ton ventre et que tu peignais des fleurs au plafond de la salle de bains (Sylvestre)
Je t'écris pour que le monde entier le sache
Je t'écris car je vais mourir
Je t'écris pour te dire que je t'aime
Je t'écris pour me rappeler que je ne suis pas toute seule
Je t'écris pour te dire que je veux stopper les guerres même si ce n'est pas possible
Je t'écris pour comprendre la douleur
Je t'écris parce que la terre est belle vue du ciel
Je t'écris car j'aimerais être un oiseau qui vole dans le ciel pour rejoindre ma mère
Je t'écris parce que j'ai envie de pleurer
Je t'écris pour ne pas oublier
Je t'écris car c'est beau la vie
Je t'écris car je croque ma vie
Je t'écris car je veux que tu fasses pareil
Je t'écris car l'automne finit
Je t'écris car l'hiver arrive
Je t'écris car par la fenêtre je vois la nature morte
Je t'écris car le brouillard me bouche la vue
Je t'écris car je veux te répondre
Je t'ai écrit pour te dire tout ça

Signé : Ghyslaine, Fabrice, Aïcha, Xavier, Nicolas, Sylvestre, Sylvie, Marie-Rose, Aurélie.

La Résistance est aussi dans la lumière fragile de ces phrases d'enfants où percent l'amour et la fraternité mais aussi l'angoisse de la barbarie.

De toute évidence, il me faut écrire à la première heure du jour. La première heure. La première seconde. Dans la salle de bains. Sous la douche. C'est là que me viennent les idées. C'est là que je dois les fixer. Avant qu'on me parle. Me résiste. Me tanne. Avant que j'accompagne, console, décide, ordonne. Avant la grande marée du jour. Tout se passe comme si les mots qui affluent tôt le matin étaient charriés par un ordre nocturne. Celui du rêve ? Du repos ? Il se passe réellement quelques minutes où les phrases s'écrivent sans que j'aie à les chercher. Si je suis dérangée juste à ce moment-là, je traîne avec moi un mal-être insupportable tout au long de la journée.

L'écriture raisonnée, raisonnable, façonnée par la volonté et une sorte de connaissance de soi – comme une sportive utilise ses ressources et ses faiblesses – cette écriture me demande un violent effort. Violent, car il me faut passer outre les paroles, les attentes, l'humeur ou l'agressivité des uns et des autres. Rares sont les instants où je rejoins l'écriture fluide, offerte, du matin. A partir de sept heures, j'ai l'impression que les êtres que j'aime le plus vont commencer la curée. La solution serait de se lever beaucoup plus tôt. Doubler le monde avant qu'il ne s'éveille. L'écriture prend tout. L'écriture avale la vie de celle qui écrit.

Ce n'est pas compliqué de « faire carrière ». Il suffit de ne tenir compte de personne autour de soi et d'avancer comme un tank.

A l'abordage ! Attaque à main armée. Armée de patience. Patience d'ange. Anges endormis. Dormez encore ! Endormi le rêve qui naissait sur la page. La page qui restera blanche. Blanche écriture. Ecriture assassine. Pour dire l'imposture. A chaque heure du jour. Le jour qui se lève. Sur le désordre et le chaos. N'entravera pas la joie minuscule. Minuscule étincelle dans tes yeux. Tes yeux où naviguent des rêves géants. Géants comme les mondes invisibles. Les songes massacrés des enfants. A la première seconde de leur vie, eux aussi devront apprendre à conjuguer : JE SUIS SEUL.

Parfois, il me semble que je n'existe pas. Je n'existe plus. L'éloignement et le silence sont mes seules sécurités. La vie au milieu des autres est indécente. Intolérable. Impossible d'y retrouver sa voix, ses pensées. La vie au milieu des autres est une invention pour noyer la voix solitaire, unique qui résonne en chacun de nous.

Il y a une souffrance. Comme une lame. Une souffrance plantée entre les épaules. Une souffrance à tirer. A remorquer. Une souffrance de chienne de traîneau.

Il y a une joie quand on dépasse cette souffrance. Joie de vaincre. Joie d'être projetée hors de soi par l'effort. L'effort parfois insupportable de tirer, de pousser, de remorquer, d'écrire, de vivre pour un autre tempo que celui qui bat dans ses propres veines.

Ô la belle douleur. Le Mal joli comme on dit d'un accouchement. Je ne sais rien de plus exaltant, de plus révoltant que le renoncement à la vie *insouciante.*

Que peut nous apprendre un enfant autiste?

La mélancolie de la vie.

Le deuil de chaque seconde.

Comment ne pas ressentir une angoisse folle à la pensée de cette perte inexorable?

Et plus encore à l'idée de ne rien pouvoir *fixer* de ce temps qui a passé.

Je suis persuadée que le paysage intérieur de certains enfants autistes ressemble à un champ de ruines comme ceux de la Bosnie ou de la Tchétchénie.

Vous me demandez comment va mon fils. Comment passe cette éternité qu'on appelle autisme. Comment les choses s'arrangent, évoluent, se modifient. Comment. Je ne sais pas. Je sais seulement que le temps use le sourire. Que le temps donné, offert, consacré à un tel enfant momentanément affaibli est un temps volontairement perdu pour tout autre amour. Pour toute autre entreprise. Il y a là un constat qui s'approche du Grand Amour. Tel qu'on pouvait l'imaginer quand on avait quatorze ans. Ce don du temps, pleinement consenti, est comme une parenthèse dans la ponctuation, un banc de pierre dans un cimetière, la nappe blanche d'un pique-nique. Ce temps donné, offert, *consacré* est forcément de l'amour. Et justement le savoir, y consentir, ajoute de l'*intelligence* à l'amour.

Vous me demandez comment les choses se passent au collège. Ni bien. Ni mal. Il fait son travail. Il s'assoit, là où on lui dit. Il est d'une inquiétante discipline. Il ne joue jamais aux récréations. Il trouve qu'il y a trop de cris. Que c'est difficile de s'isoler ou de réfléchir. Quand elle est ouverte, il se réfugie à la bibliothèque. Il n'a pas de camarades. Pas d'amis. Il a peur des ballons de foot. Il craint la bousculade. Dans les rangs on le pousse et le repousse comme s'il était lui-même un ballon de punching-ball. Il craint les enfants de son âge et tente de se lier avec des adultes dans l'espoir d'être protégé.

Un soir de décembre, alors que la pendule sonnait neuf heures et que le dîner se terminait, il a déclaré sur un ton très solennel qu'il voulait nous parler de son cerveau :

– Et maintenant, je vais vous expliquer comment fonctionnait l'ancienne organisation de mon cerveau. Et ce qui a changé aujourd'hui.

Il venait d'entrer en sixième. Il avait juste onze ans. Nous avons pu l'enregistrer. Il a parlé pendant deux heures.

Entretien entre une mère et son enfant

– Mon cerveau est les matins de jours d'école un grand grenier VIDE, rangé avec TOUTES MES MÉMOIRES, mes... imaginaires... et puis... mes choses qui me sont utiles pour le travail. Et ces TROIS parties... sont dans ce grenier qui est divisé en trois parties :

L'IMAGINAIRE, LA MÉMOIRE ET LE TRAVAIL.

Ici, il s'arrête.

– Et parle de nous de cet été... de ce qui s'est passé cet été...

Cet été, malgré la présence de son ami et cousin Pierre, il était complètement abattu, absent, déliquescent, ne s'intéressant à rien, comme désincarné et triste. Quand on lui demandait pourquoi, il répondait qu'il n'en savait rien et cherchait à s'isoler même de la présence de ceux qu'il aimait le mieux. Il venait d'avoir onze ans.

– Avant mon cerveau était AUTREMENT.

Moins bien organisé. Et puis SOUDAIN, mes souvenirs se sont dispersés. Il y en avait TROP... alors... SOUDAIN des GROS NUAGES PÂTEUX ET NOIRS sont VENUS envelopper mon cerveau. Et ces nuages contenaient des cyclones, des tornades et des TEMPÊTES qui ont TOUT DÉTRUIT !... Et certaines de mes mémoires ont été BRISÉES, évaporées, dispersées et... disparues à JAMAIS ! Ce sont les choses dont je ne me souviens plus et qui NE SONT PLUS DANS MA TÊTE. Mais... maintenant mon cerveau s'est RÉORGANISÉ, est devenu ce GRENIER dont je vous ai parlé au début. C'est le grenier VIDE... Donc mon cerveau est le grenier vide et rangé tous les matins d'école... Il...

– C'était quoi les autres mémoires ? Tu disais qu'il y avait trop de choses... C'était quoi ?... C'était QUOI les autres choses ?

– Les autres choses ?

– Oui, celles dont il fallait se débarrasser...

– Ah ! les choses dont il faut se débarrasser !... Ah ! oui !.. Quand une leçon n'est plus du tout utile... enfin... mais que je me dis que peut-être, elle pourra resservir...

– Oui, mais avant cet été, tu as dit qu'il y avait des choses qui encombraient TROP... Des tas de souvenirs... des choses comme ça, tu as dit... Tu as dit que tu n'étais pas très bien cet été à cause d'un ENCOMBREMENT. Que tu sentais que ça changeait dans ta tête. Alors c'était quoi ?

– Mais je crois que je l'ai dit!

– Oui, tu l'as dit, mais tu as dit que c'était TRÈS ENCOMBRÉ. C'était encombré par QUOI ? C'est ça ma question. Jusqu'au CM2 tu as dit...

– Ah!... Encombré par toutes les choses qu'il fallait TRAVERSER pour pénétrer...

– Oui, mais c'était quoi ces choses-là ?

– Ah! c'était qu'encore là, je devais faire un code secret... Mais MAINTENANT... puisque je suis le PROPRIÉTAIRE de ce grenier je peux y rentrer QUAND JE VEUX. Sans faire des codes secrets. Rien! Sans rien faire. Je peux rentrer quand je veux!... Tandis que... par exemple, mes ENNEMIS, ils ne sauront JAMAIS, enfin, j'espère... l'histoire de... comment marche mon cerveau... parce que... Et même s'ils le savent, ils ne pourront PAS Y RENTRER. Si j'ai des ennemis... un jour... On ne sait jamais!...

– Est-ce que tu as dit ce que tu voulais ?

– Enfin non, j'ai pas tout dit... Ah! j'en étais... quand les choses ne sont plus très UTILES et que je suis sûr qu'elles ne sont plus utiles mais que ça peut toujours revenir... Que j'en aurai besoin plus tard... je les ENTRAÎNE dans un coin du grenier et je les mets dans des petites salles ou des cellules où... elles sont... où elles restent dans un petit coin de mon grenier...

– En attente...

– En intendance... et c'est les choses dont je ne me souviens plus très bien... Mais, si elles ne me sont pas trop utiles, ce n'est pas besoin de les laisser entassées dans les choses importantes... parce que sinon il y en aura trop. Et donc, quand il y a TROP de choses et qu'elles se dispersent partout... Eh bien! je suis obligé, avec REGRET, de faire appel aux NUAGES PÂTEUX ET NOIRS qui vont détruire ce grenier qui EXPLOSERA, et sans doute parce que... il ne... il ne peut pas RÉSISTER aux NUAGES PÂTEUX ET NOIRS. Avec les tornades et les cyclones!... Mais... À CHAQUE FOIS, la nouvelle organisation de mon cerveau ne sera JAMAIS LA MÊME. Voyez que la première organisation n'est pas du tout pareille que la deuxième et l'autre, sans doute, ne sera sans doute pas pareille que ce grenier... Mais elles seront sans doute de MIEUX EN MIEUX organisées... Mais sans doute que plus tard on aura besoin de plus de choses que le travail, le jeu et la mémoire... Peut-être qu'on aura besoin d'autres choses, de faire une partie avec les problèmes... des trucs comme ça peut-être... Et puis, je crois... que... Ah! non! Je ne vous ai pas parlé de la CHOSE la plus IMPORTANTE de ce grenier, qui est au MILIEU du grenier ou de ce cerveau. Protégé par des portes BLINDÉES. Dans des coffres-FORTS, où PERSONNE à part MOI, n'a jamais réussi à rentrer et à prendre POSSESSION... Et à EN prendre possession... C'est un PARCHEMIN dans un coffre-FORT qui indique COMMENT MARCHE mon cerveau. Comment marche le grenier, comment les informations y rentrent, comment... c'est divisé les parties. Si ce parchemin S'EN VA, mais ce n'est pas trop le cas... eh bien! ce cerveau... l'organisation du cerveau, elle EXPLOSE, elle n'existe plus et puis les nuages pâteux et noirs arrivent... et puis après s'en vont...

– Et qu'est-ce qui est écrit sur le parchemin ?

– C'est MOI qui ÉCRIS parce que JE M'ENVOIE DANS MA TÊTE et j'écris pour former une NOUVELLE ORGANISATION quand les nuages pâteux et noirs ont tout détruit !

– Et qu'est-ce qui est écrit ? Tu sais lire ce qui est écrit dessus ?

– OUI, mais c'est écrit en écriture SECRÈTE !

– Oui, mais toi tu la connais

– Oui, je LA CONNAIS PARFAITEMENT !

– C'est quoi ? Tu peux la traduire ?

– Mais... c'est ce que je viens de vous dire là ! C'est comment marche mon cerveau ! Et puis, toutes ces écritures contrôlent un AUTRE cerveau qui est au milieu de mon grenier... au milieu de mon cerveau qui... lui, eh bien, commande tout le grenier, c'est-à-dire que c'est lui qui fait tout FONCTIONNER. Sans lui le grenier, il est fichu et SURTOUT SANS LE PARCHEMIN ! Parce que sans le parchemin le cerveau qui est au milieu de mon cerveau il ne sait plus ce qu'il doit faire... Parce que sans le parchemin... eh bien !... il ne sait plus à quoi il doit correspondre et tout ! Il ne sait plus comment il doit faire rentrer les trucs... Car c'est LUI qui CONTRÔLE les PORTES qui S'OUVRENT !

– Et parfois, il a été mis en difficulté ? Parfois il y a des choses qui ont essayé de l'attaquer ?

– Pas encore !

– Pas encore ?

– Oui !

– Mais comment tu le défends ?

– Eh bien ! les portes blindées... les codes secrets... Mais... si on réussit à ouvrir, il faut A TOUT PRIX que je FERME LES YEUX et c'est pour mieux rentrer dans ma tête et que j'arrive pour détruire... ceux qui... qui veulent s'emparer de ça !

– Et ça peut arriver n'importe où ?

– N'importe comment s'ils ont tout deviné les codes et tout... Les clefs et tout !...

– Et qu'est-ce qu'il préfère faire ton cerveau ? Le mieux ?

– Bof !...

– Qu'est-ce qu'il aime le plus ?

– Mon cerveau ?... Euh !... Entre quoi et quoi ?

– Mais je ne sais pas!... Entre les trois parties : la mémoire, le travail, l'imaginaire...

– Moi, ma partie favorite, c'est L'IMAGINAIRE!... Et puis toi?

– Eh bien, moi, je crois aussi!... Oui, mais l'imaginaire, après, ça demande de la VOLONTÉ... Parce qu'il faut TRADUIRE son imaginaire...

– Oui...

– C'est DIFFICILE aussi de passer à l'acte...

– Oui... Par exemple, les romans que J'ÉCRIS (*il parle des bandes dessinées qu'il fait*)... au cas où je les perdrais, j'essaie de les RENTRER dans l'imaginaire... J'essaie de LIRE le roman... Les paroles se CONSERVENT dans la tête et puis VONT dans l'imaginaire!

– Et ton cerveau, c'est ce que tu préfères dans ton corps?

– C'est ce qui est quand même assez important!

– Et ton cerveau, par exemple, il ne peut pas te commander de courir plus VITE, quand tu fais de la gymnastique, ou d'avoir de la force...

– Non parce que c'est...

– Mais SI, ça commande les muscles aussi!...

– Ah! oui, mais... mais je ne peux pas courir très vite... parce que... je ne sais pas... mais c'est moi qui donne les ordres à mon cerveau... Si je rentre en lui pour lui dire de courir plus vite, il va me faire essayer de me faire courir plus vite... Ah ! oui... à la fin de mon CM2, il y avait TROP D'INFORMATIONS qui... se conservaient dans mon cerveau. Elles se sont dispersées. Il y en a même qui sortaient du rempart... Ça c'est dans mon ancien cerveau... celui dont je parle au début...

– Mais c'était les informations DE l'école. Il y avait trop d'informations à L'ÉCOLE ? Où dans la VIE... Où depuis que tu es NÉ ?

Il s'agite.

– NON ! NON ! Mais NON ! Mais PARTOUT !!! Il y avait TOUT qui... qui... s'éparpillait... Il y en avait trop... ça... et c'est pour ça que parfois ça m'est UTILE que le nuage noir en détruise quelques-unes, parce que autrement, même s'il y a un autre cerveau qui a toujours le même nombre d'informations, ça ne va pas changer...

– Comment TU FAIS alors pour appeler... pour le nuage noir... Comment tu fais ? C'est TOI ? C'est ta volonté à toi ?

– Quand VRAIMENT, il y a trop de trucs, eh bien ! avec REGRET, comme je l'ai dit tout à l'heure, j'appelle le nuage noir et puis... IL DÉTRUIT TOUT...

– Mais comment tu fais ?... Ça arrive en une journée... en une heure... ou en une seconde ? Ou ça met du temps ?

– Si vraiment je dois TOUT DÉTRUIRE!... Enfin le nuage noir, lui, il est là pour tout détruire... eh bien... ça peut durer... plusieurs jours... Plus il y a D'INFORMATIONS, plus ça dure longtemps!

– Alors pendant ce temps-là, tu es comment? Tu es malheureux? Tu n'es pas bien? Tu te sens mal à l'aise?

– Oh! Je ne suis pas bien, parce que... dès qu'on m'apprend un truc, l'information, elle RENTRE et puis à peine elle est rentrée, que parfois, elle peut EXPLOSER dans le nuage noir!!! Ou alors elle est ABÎMÉE!...

– Ah! oui...

– Il y a plein de trucs qui s'en vont...

– Comme un disque dur... Tu décris ça comme un ordinateur... Abîmée...

– ...Mais j'espère qu'il y a un truc qui ne m'arrivera JAMAIS!...

– C'est quoi?

– C'est que le NUAGE NOIR détruise TOUTES mes informations!... Je serais complètement ignorant, je ne saurais même plus parler... Rien du tout!

– Tu crois?...

– Mais à mon avis, ça peut pas trop arriver parce que... savoir parler et tout, c'est des informations que je sais depuis tellement longtemps... Car les informations que je sais depuis le plus longtemps, par exemple savoir parler, marcher et tout... c'est les plus SOLIDES...

– Je te rappelle que quand tu étais petit et même jusqu'à cinq ans, tu ne voulais pas parler !

– Je SAIS... mais... MES PAROLES, elles étaient DANS MA TÊTE !

– Elles étaient DANS ta tête !...

– Eh bien, donc... les choses importantes comme ça... et que je sais depuis longtemps, eh bien ! c'est plus SOLIDE et c'est celles qui ont beaucoup moins de chance d'être cassées par le nuage...

– Mais si elles étaient dans la tête pourquoi tu ne parlais pas à ce moment-là ?

– Bah !... Attends... Pourquoi je parlais pas... Je ne sais pas... Je m'en rappelle plus... Mais pendant TOUTE L'ÉPOQUE où j'étais AUTISTE, il y avait toujours ce GROS NUAGE NOIR qui enveloppait mon cerveau !...

– C'est seulement aujourd'hui que tu peux le dire ?...

– ...Mon cerveau... POUR MOI... quand j'étais petit... c'était sûrement le NUAGE NOIR !... Parce que LA PREMIÈRE FOIS que j'ai vu mon cerveau se développer... où il y a eu la première organisation avec les remparts et tout... J'ai vu les nuages noirs qui se DISSIPAIENT !

– C'était quand ?!

– C'était... euh... au début de mon CM1 ou de

mon CM2, à peine... Donc, ça fait pas longtemps, en fait !

– Non, ça fait pas longtemps... Ça fait deux ans ?...

– A peine... Enfin à mon CM1, ce cerveau n'était pas trop développé... parce qu'il y avait encore à peu près la moitié de mon cerveau qui était encore enveloppé par ce nuage noir...

– Et quand est-ce qu'il est parti POUR DE BON ce nuage noir ?

– Au début de mon CM1 et de mon CM2, SOUDAIN, il s'est dissipé peu à peu...

– A cause de QUOI ?

– Eh bien !... Parce que je commençais à écrire le parchemin de mon NOUVEAU cerveau, hein !

– Et qu'est-ce qui t'a aidé à l'écrire ce parchemin ?

– Non mais, je me suis dit... J'en ai MARRE de voir toujours quand je rentre dans mon cerveau du noir comme ça. J'EN AI MARRE !

– Et... quand il y avait ce nuage noir... est-ce qu'il y avait des choses que tu voyais QUAND MÊME, que tu ressentais, qui te faisaient plaisir ? Ou RIEN ?

– Mais il y avait quand même des choses que je ressentais qui faisaient quand même plaisir... Parce que à cette époque quand il y avait le nuage noir, il y a eu une TOUTE PETITE PARTIE DE RIEN DU TOUT qui sortait de l'imaginaire... qui a résisté au cyclone... Une toute PETITE, hein!... qui sortait de l'imaginaire et qui a RÉSISTE pendant que j'étais petit... C'était... les trucs... euh!... du PLAISIR... Le truc où S'ENREGISTRENT MES PLAISIRS...

– Ah! bon!... Et c'était quoi tes plaisirs?

– Oh! je ne sais pas... C'est... Non... JE NE SAIS PAS... Ah! oui, J'aimais bien le TRACTEUR... Et puis j'aimais bien... Ah! oui, tout le temps dans le jardin de Papa, je prenais une branche ou un truc comme ça et puis je faisais un bruit de tracteur et puis je la traînais derrière moi pour faire des petits sillons, puis je pensais que j'aidais Papa... en faisant des petits sillons...

– Tu pensais ça?

– Et puis je pensais aussi que... que... je REMPLAÇAIS son tracteur...

– Tu pensais que tu étais le tracteur?

– Oui.

– Et c'est pour ça que tu faisais le même bruit?

– Oui.

– Mais alors quand tu criais fort et que tu n'étais pas content, c'était pour quoi? Par exemple quand tu arrêtais de faire le tracteur?

– Ah! au fait, quand j'étais petit...

– Oui...

– ... A chaque fois que... je ne sais pas moi... quand je faisais un petit truc... que je disais une parole... un petit truc comme ça... après, JE NE M'EN SOUVENAIS PLUS DU TOUT à cause de ce nuage NOIR qui détruisait TOUT. La partie mémoire et tout. Donc, j'avais pratiquement PAS DE MÉMOIRE à cette époque, hein ? Enfin j'en avais quand même, mais elle était enveloppée dans ce...

– Tu avais quand même de la MÉMOIRE ! Parce que... par exemple tu avais appris ton alphabet TRÈS VITE dans la chambre...

– Mais le nuage noir... La mémoire est ce qui a le plus RÉSISTE dans l'époque où il y avait le nuage noir...

– C'est la mémoire qui a le plus résisté ? Que ?... Que quoi ?

– QUE TOUT !

– Par exemple, je ne sais pas si tu t'en souviens... Il y avait des noms de gens qui passaient à la maison et toi tu te souvenais de leurs noms. Tu les disais. Des noms pourtant compliqués. La plupart étaient des noms étrangers, des noms allemands, des noms anglais, américains, hollandais... des noms difficiles... Tu t'en souvenais...

– Et je les prononçais bien ?

– Oui. Oui ! Oui... MÊME deux ans après !

– Ça veut dire que... ma mémoire... c'était... la moins DÉTRUITE.

– Oui ! Et tu te souvenais très, très bien des lettres ! Tu ne voulais pas les prononcer à voix haute, mais si je te disais : va me monter le Z, va me montrer le A, va me montrer le C ou le D, ou alors, le mot PAPA, tu te souviens sur le mur, tu me montrais TRÈS BIEN... Mais tu NE VOULAIS PAS PRONONCER! Ça c'était CURIEUX tout de même! Qu'est-ce que ton cerveau peut dire de ça aujourd'hui?

– Mais moi, je ne peux pas trop dire parce que... Avec tous les massacres des NUAGES NOIRS, là... du nuage noir... Eh bien! à mon avis, ça a dû détruire les souvenirs dont je ne me souviens plus ou les entraîner dans les petites cellules, là... qui...

– Tu as décidé de les détruire...

– Non ce n'est pas moi qui ai décidé... Le nuage noir, il détruit CE QU'IL VEUT, LUI!

– Ah! oui... Ce n'est pas toi qui commandes?

– Eh bien NON, parce que le nuage noir, il ne fait pas trop partie de mon corps!... Parce que je dis que je l'appelle avec REGRET, mais... En fait, je ne l'appellerais pas avec trop de regret si je le CONTRÔLAIS parce que je détruirais juste les trucs... qui n'étaient pas trop importants, mais autrement là je fais avec regret, parce que si ça se trouve... il peut détruire des INFORMATIONS très IMPORTANTES!

– Et ça... Tu as PEUR de ça?

– Eh bien! par exemple si en CM2 par exemple, il y avait une règle dont il fallait se souvenir... Il pouvait très bien LA DÉTRUIRE!

– Ça t'est ARRIVÉ déjà ?
– Quoi ?
– Par exemple, à l'école d'essayer d'apprendre quelque chose et puis d'avoir peur que le nuage noir t'empêche de le retenir...
– Ah ! le nuage noir... c'est quand il y a trop de trucs !... Il ne peut pas venir... Il ne vient que quand je l'appelle... Mais si vraiment il y a TROP DE TRUCS et que je veux QUAND MÊME LES GARDER, eh bien, le nuage noir vient quand même sans que je l'appelle, s'il y a trop de trucs et que je veux laisser ça... Et puis aussi, le nuage noir... il est... dans le... Mon cerveau ne peut plus fonctionner... Mon cerveau après ne peut plus fonctionner... L'ORGANISATION ne peut plus fonctionner APRÈS parce que... ça a détruit le cerveau là, celui qui commande tout, les portes qui S'OUVRENT et tout... et puis le PARCHEMIN SURTOUT. Mais les parchemins, j'essaie de les SAUVER EUX pour les conserver. C'est pour ça que je me souviens de mon ancien cerveau parce que sinon, je ne m'en souviendrais PLUS... Il serait détruit... Ce serait fichu... Donc j'essaie de RENTRER dans ma tête. EN PLEIN DANS MA TÊTE et puis je VOIS le nuage noir et si ça se trouve je peux me faire ENTRAÎNER dans un cyclone et puis une fois que je me suis fait entraîner dans un de ces cyclones, je suis REJETÉ de ma tête et puis après je dois RE-rentrer dans ma tête et...

– Et quand tu es rejeté, tu t'en souviens comment ça se passe?...

– Eh bien! oui, mais après je dois retourner dans ma tête!...

– Et la dernière fois, c'était quand que tu as été rejeté? Tu es rejeté parfois dans la journée?

– Enfin non, je suis rejeté quand il y a le gros nuage noir et que j'essaie de SAUVER le parchemin...

– Oui... Mais c'était QUAND la dernière fois, le nuage noir?

– Eh bien! quand ça a changé... Aux grandes vacances... Tu sais là...

– Oui...

– Donc, j'essaie de sauver les parchemins. Je les mets aussi avec les coffres-forts et tout! Mais CHAQUE FOIS que je fais APPEL au nuage noir, je me mets dans la salle blindée là où il y a les machins là et puis je prends tous les parchemins contre moi et puis pendant qu'il détruit toutes ces SALLES BLINDÉES et puis tout le grenier. Et tout... Enfin, le grenier il ne l'a pas encore détruit... Eh bien! il peut toujours me rejeter, j'aurais les parchemins dans mes mains... parce que je les garderai avec moi... C'est pour ça que je me mets tout le temps dans la salle blindée!... Il peut toujours les rejeter, il pourra toujours courir, je les garderai...

– Et toi, tu te sens comment quand ça se passe

tout ça ? Tu as l'impression que c'est long ou que c'est court ?

– Euh !... Ça peut durer très longtemps... Souvent ça dure TRÈS LONGTEMPS ! Parfois ça dure plusieurs mois !

– Mais à ces moments-là quand ton ami Pierre...

– Mais ça peut durer DES ANNÉES !... Quand j'étais petit ça a quand même duré cinq ans !

– Mais comment tu peux savoir ça, que ça a duré cinq ans ?

– Eh bien quand j'étais petit... Tout le temps que j'ai eu mon nuage noir, là...

– Mais quand tu étais petit, tu TE DISAIS qu'il y avait un NUAGE NOIR ?

Silence.

– Le nuage noir, il t'empêche de faire beaucoup de choses !... Tu n'es pas très heureux pendant ce temps-là ! Il y a des choses que tu sens quand même ?

– ...Eh bien ! pendant qu'il détruit des trucs, c'est DUR !

– Oui... Mais est-ce que tu SOUFFRES à ce moment là dans ta peau ?

– Bah !... Enfin... Je ... Enfin je souffre... Je reçois difficilement les informations parce que à peine elles rentrent, il y a un cyclone qui ME FONCE DESSUS... Elles sont mortes !

– Mais alors ce CYCLONE, il faut EMPÊCHER qu'il recommence, quand même!...

– Oui, mais moi JE NE PEUX PAS le commander du tout!...

– Ah! bon...

– Oui, c'est le nuage noir...

– Et si ça te prend brusquement sur le trottoir, là en sortant du collège. Imagine... Entre le moment où tu sors et celui où tu prends le bus... IMAGINE que le cyclone te commande de NE PAS pas prendre le bus! Comment ça fait alors?

– Ah! NON! ça, il ne peut pas commander mes actions!

– Ah! bon...

– Il ne peut pas!

– Alors, il commande quoi? Quelque chose qui est DEDANS? C'est-à-dire que toi tu CONTINUES à prendre le bus parce que tu SAIS que tu dois le prendre, c'est ça? Tu sais que tu as six minutes pour le prendre...

– C'est pas dans mon cerveau ça. C'est un peu dedans. C'est un RÉFLEXE.

– C'est un réflexe d'aller prendre le bus...

– Donc, le réflexe il est dans TOUT LE CORPS.

– Et alors personne NE VOIT le cyclone... Il n'y a que TOI qui SAIS que ce cyclone existe...

– Il est DANS MA TÊTE! Il va pas dépasser par les oreilles!!!...

– Oui, je comprends! Donc personne ne le voit. Toi, tu es tout seul à le voir...

– OUI, si je ferme les yeux et que je RENTRE dans ma tête, je le VOIS!

– Et qu'est-ce qui te fait du BIEN à ce moment-là? Qu'est-ce qui peut T'AIDER dans ce cas-là?

– Que le nouveau cerveau se REFORME VITE!

– Oui, mais les autres autour de toi... Dans ta vie... Qu'est-ce qui peut te rendre service? Qu'est-ce qui peut t'aider? Qu'est-ce qui peut t'aider à passer ce MAUVAIS CAP? Qu'est-ce qui t'aide le plus? As-tu remarqué ce qui t'aidait le plus?

– Je ne sais pas... mais c'est souvent... Ah! je ne sais pas, qu'est-ce qui m'aide?...

– Tu n'as pas une petite idée quand même? Parce que c'est important de donner des INFORMATIONS!

– Oui... mais je ne sais pas...

– Tu ne sais pas... Tout à l'heure tu parlais du PLAISIR... Tu disais que lorsque tu étais petit, tu te souvenais des choses qui te faisaient plaisir... Il y avait la mousse au chocolat... le tracteur... l'eau... Tu aimais beaucoup l'eau...

– Oh! Oui, j'aime BIEN l'eau...

– L'eau chaude, tu te souviens? Les bains...

– Oui...

– Mais à ces moments-LÀ, tout de même, tu ne te sens pas comme un ROBOT?

– Non! Non! Parce que je suis le CHEF de mon cerveau, mais je ne peux RIEN CONTRÔLER au nuage noir... Je peux seulement l'appeler... Par exemple, si je l'appelle et que j'aie très peu d'informations, il ne va pas venir! Parce que... il sait...

– Très peu d'informations... pourquoi?

– Parce que si j'ai peu de trucs qui sont mangés, il sait très bien que ça ne sera pas la peine de venir... Il vient seulement quand j'ai une GRANDE RAISON! Si je l'appelle pour m'amuser...

– Mais alors quand tu fais tes romans, tes bandes dessinées, tu te sens BIEN! Ça soulage ton cerveau, ça! QU'EST-CE qui soulage ton cerveau? Quand tu regardes une cassette... Quand tu regardes *Les Visiteurs*, par exemple, tu rigoles, ça te fait du bien?

– Oui! ça c'est dans la partie IMAGINAIRE! Dans la partie imaginaire, il y a le plaisir...

– Le plaisir, c'est ce que tu préfères... Et l'effort, c'est pénible?

– L'effort... ça dépend lesquels...

– Lesquels sont pénibles?

– Oh! les efforts désagréables, c'est dans le travail! Mais dans le TRAVAIL... Parce qu'il y a deux parties du travail : le travail amusant et le travail... vraiment...

– C'est quoi le travail amusant ?

– C'est le travail amusant !... le travail facile...

– Qu'est-ce que tu aimes le moins à l'école ?

– ...Je ne sais pas...

– Et mon atelier, par exemple ? (*Il s'agit de l'atelier d'écriture que j'anime toutes les semaines dans son collège, à l'heure de la cantine.*)

– Ah ! oui, c'est ce que j'aime le mieux...

– Ça te fait quoi mon atelier, quand je viens ?

– Ah ! j'aime bien, mais après j'ose pas partir, je suis dégoûté de m'en aller, parce que je me dis, merde je vais plus pouvoir voir Maman... je vais la revoir seulement ce soir, dans trois heures... (*Il s'arrête et reprend.*) Maintenant je vais parler de la partie MÉMOIRE ET TRISTESSE. Pose-moi des questions !

– A quand remonte ton PREMIER souvenir de ce nuage noir dont tu parlais tout à l'heure ?

– Mon premier souvenir... celui qui n'a pas été détruit ?

– Oui, parce que tu dis que les autres ont été détruits...

– Il y en a beaucoup de détruits...

– Celui qui n'a pas été détruit... Tu me disais que ça remontait... Tu me disais à Hermine... C'est ça ?... (*C'est le nom de sa jeune sœur.*)

– Ah ! oui, un souvenir de tristesse !... Non, je crois que c'est pas encore rentré...

– Imagine... ton PREMIER souvenir... Ta

PREMIÈRE image... Cherche... De quoi tu te souviens ?

– HERMINE... quand elle était dans sa couveuse. *(Hermine a été victime d'une détresse respiratoire à la naissance.)*

– Oui, tu sais, tu avais presque cinq ans...

– Je ne sais pas si c'est mon premier souvenir, mais je vais prendre exemple sur celui-là... Peut-être que les autres sont restés dans un petit coin de ma mémoire... On essaiera de les chercher...

– Oui, c'est intéressant d'essayer de les chercher. Alors ton premier souvenir... Tu parles donc d'Hermine. Ça te faisait quoi ? Je te rappelle que lorsque Hermine est née, tu parlais... mais tu ne parlais pas quand il y avait du monde... Très, très peu...

– C'est que quand je voyais Hermine dans sa couveuse... je mettais ça dans la partie tristesse.

– Mais tu ne te disais pas ça... C'est aujourd'hui peut-être que tu peux te le dire...

– Oui... mais c'est parce que c'était MAL ORGANISÉ, c'était dans les GROS NUAGES NOIRS. Il y avait plein de souvenirs. A peine ils étaient arrivés, ils étaient DÉTRUITS. Et donc, il y avait des parties qui SURVIVAIENT... Partie TRISTESSE et partie... Dans la partie mémoire, il y avait la partie tristesse... Et puis, il y a avait un peu de partie de joie qui restait, mais ça commençait à être mangé ça ! Et puis... je me disais qu'Hermine c'était un petit bébé qu'on faisait souffrir... qui était dans une sorte de cage, là, et il me semble que je t'avais demandé un jour... ou plutôt tu m'avais dit qu'Hermine allait sortir de sa couveuse, alors moi j'étais content et je t'avais demandé que quand elle sortira de sa couveuse de CASSER LA COUVEUSE... Tu te rappelles, je t'avais demandé ça ? Ça c'est resté dans ma partie MÉMOIRE...

– Et quand on est rentrés à la maison avec elle, tu t'en souviens ?

– Oui... Et puis, je disais qu'elle était souriante !

– Oui, RIEUSE, tu disais... Ça c'était quand elle était déjà un peu plus grande... Et tu voulais tout le temps qu'on lui donne à téter... Tu t'en souviens ?

– Oui...

– Et tu te souviens que tu avais balancé des baigneurs du haut de l'escalier ?

– Ah ! OUI ! OUI ! OUI !...

– ...Moi, j'étais un peu INQUIÈTE... Je m'étais dit, il va peut-être faire PAREIL avec Hermine !... Mais, non ! Qu'est-ce que tu voulais faire ?...

– A mon avis, je me disais que c'était mieux d'avoir Hermine EN VIVANT que des baigneurs !

– Alors tu voulais faire la PLACE pour

Hermine, c'est ça ?... Dis donc, tu n'y allais pas de MAIN MORTE parce que tu les avais balancés FORT tous ces gros baigneurs !... Et alors, elle te plaisait Hermine ?

– OUI !

– Qu'il y ait un bébé dans la maison, ça te plaisait ?

– Oui ! Et puis tu te rappelles un jour... mais attendez, je ne vous ai pas parlé de mes rêves...

– NON...

– Dans la partie rêve de mon cerveau...

– Ah ! mais oui... la partie rêve...

– ... qui est... mais ça dépend... parce que la partie rêve, elle est ENTRE la mémoire et la partie imaginaire... Il y a la partie RÊVE et la partie CAUCHEMAR... Et donc... il y avait... Parfois, quand je fais des CHOSES ou que je vois RIEN QU'UNE IMAGE de ma vie, j'ai l'impression que je l'ai DÉJÀ vu ou que ça s'est déjà réalisé et peut-être que c'est des rêves que j'ai déjà faits, dont je me souviens...

– ...Ça, c'est dans les RÊVES ? C'est quand tu te souviens de tes rêves... C'est jamais dans la réalité ? Et parfois quand tu penses dans la réalité ?

– Non... Enfin si... mais quand je fais un truc dans la réalité, ça me semble que ça s'est DÉJÀ réalisé... Alors, je ne sais pas si je le REFAIS encore une fois ou si ça été dans un rêve et que...

– Et la dernière fois que ça t'a fait ça, c'était quand ?

– Oh, c'est quand j'ai vu juste une image, quand j'ai vu... je crois que c'était quand j'avais vu LA TABLE et je me suis dit, tiens c'est curieux je l'ai déjà vue EXACTEMENT PAREILLE COMME ÇA!

– La table... Comment... LAQUELLE?

– Eh bien, CELLE-LÀ!... Comment elle était DISPOSÉE... Je me suis dit, tiens c'est curieux...

– Mais tu la vois TOUS LES JOURS!...

– Oui, oui, mais elle était disposée d'une certaine façon... parce que c'était un anniversaire, je crois...

– Ah! oui! bien sûr!...

– Je me disais, tiens je l'ai déjà vue quelque part comment elle était disposée cette table, dans le même décor de la pièce... Exactement PAREILLE!... Est-ce qu'il y a une autre question?

– Et les cauchemars? Tu parlais des cauchemars... C'est quoi les cauchemars?...

– Ah! Les cauchemars c'est ce dont je me souviens le MOINS, je ne sais pas pourquoi... là... euh... mes cauchemars, ils ne sont pas très longs en général... Attends, j'essaie de m'en souvenir d'un... Attendez, je vais chercher... ça y est!

– Alors... un cauchemar...

– J'ai vu tout le cauchemar qui s'est passé. Et donc...

– C'est un cauchemar que tu as fait QUAND ?

– Je crois qu'il n'y pas très longtemps, peut-être quand j'étais au CE1 ou CE2, une nuit que j'ai passée ici... Et donc... C'est quand... J'étais dans mon lit... Et puis j'ai RÊVÉ... que... Attends!!!... Quand j'étais au CE1, j'avais déjà mon lit superposé ?...

– C'est possible, je ne sais plus très bien...

– Oui, je crois bien, parce que j'ai fait un rêve où c'était dans le lit superposé... Alors, j'ai rêvé que je descendais du lit et que SOUDAIN... Alors, j'étais dans ma chambre... dans le noir... et SOUDAIN, il y avait ma lampe bleue, là, sur mon bureau, qui s'allumait et puis je voyais une vieille sorcière, toute laide... elle faisait peur... c'était une vieille dame toute ridée avec plein de sang... avec des bras à moitié déchirés qui pendouillaient sur son corps... Elle me faisait signe... JE CRIAIS... Et puis, elle disait – AIDE-MOI MON PETIT!... AIDE-MOI!... Et puis, après, elle TOMBAIT à mes pieds... elle ricanait... HÉ! HÉ! HÉ!... et puis moi je criais AAH!... Et puis après je me suis réveillé... je me suis réveillé EN SURSAUT et puis j'ai vu son image au plafond et après, C'EST PARTI...

– Ah!...

– Oui... là... j'ai eu PEUR, et je me suis CACHÉ sous les draps... AH! je vais essayer d'en trouver un autre attends!... Mais c'est un cauchemar que j'ai fait ÉVEILLÉ... mais je n'avais pas encore mon lit superposé... c'était mon grand lit plat... Enfin plat... Mon grand lit... et puis, j'entendais des... des tambours... tu te rappelles ça faisait – dou – dou – dou... dou – dou-dou... une sorte de musique comme ça...

– Oui...

– Et puis À CHAQUE FOIS que je me retournais, je voyais un SQUELETTE! C'était la MORT qui s'approchait de moi avec une faux, avec des grandes ailes de chauve-souris. Alors je me cachais... J'entendais la musique... et je regardais et je voyais encore la mort qui s'approchait de moi! Alors j'ai CRIÉ, mais là c'était pour DE VRAI que j'ai crié... J'ai fait AAAH!... et puis après je me suis caché sous ma couverture... Je voyais encore le squelette qui s'approchait de moi... Alors, j'ai encore crié... Et puis je me suis caché. Soudain, j'ai entendu des PAS... et... et puis alors, j'ai enlevé mes draps et puis je me disais... et puis, je n'ai pas vu le squelette, mais c'était TOI et puis tu as dit : mais SYLVESTRE POURQUOI TU CRIES COMME ÇA?... Alors moi, je t'ai dit... et je suis allé dormir dans ta chambre... tu te rappelles?...

– Oui...

Le lendemain, je lui ai demandé s'il se souvenait de ce qu'il nous avait dit et s'il serait capable de l'écrire un jour ou l'autre.

Il a dit oui.

Mon cerveau
Texte de Julien-Hugo

LE CERVEAU

Mon cerveau est un grand grenier vide avec des cellules qui contiennent les connaissances, les mémoires, les souvenirs, les jeux, etc.

Mais je vais vous parler très clairement de tout cela du plus petit au plus gros détail :

Mon cerveau, qui, le matin, est un grand grenier vide, est vide pour laisser rentrer les connaissances que l'on nous enseigne à l'intérieur.

Tous les soirs de veille de classe, je fais le ménage dans mon grenier en mettant les connaissances dans les bonnes cellules.

Quand les connaissances et les informations sortent de la bouche de l'enseignant, elles rentrent dans mon cerveau qui est un grenier contenant des milliards de cellules dans lesquelles sont entassées les connaissances.

Je ne vous ai pas tout dit.

Mon cerveau est divisé en trois parties :

La partie travail, la partie mémoire et enfin la partie jeux.

LA PARTIE DU TRAVAIL

La partie du travail sert à enregistrer les informations *de l'école*. (Un an après, il remplace par : **les informations qui concernent l'instruction**.) Elle est bien sûr aidée de la partie de la mémoire, pour retenir les poésies, les leçons etc.

La partie du travail est sûrement la plus ennuyeuse, mais elle est utile. C'est elle qui est aussi la partie du savoir. Elle sait, par exemple, que si je veux jouer avec des petites voitures, c'est que ces voitures existent. Sans elle, je ne saurais pas cela, j'ignorerais toutes choses qui existent et que je connais. Je serais ignorant de tout.

LA PARTIE DE LA MÉMOIRE

La partie de la mémoire est très importante! Elle sert pratiquement à TOUT le cerveau! Mon cerveau fonctionne ainsi et pas autrement. Sans la partie mémoire, il ne fonctionnerait pas. Il le faut. Mon cerveau ne pourrait pas retenir les informations. Si jamais cette partie mourait, le « gros nuage noir et pâteux » viendrait déclencher ses maléfices sur mon cerveau. Je vous expliquerai ça plus tard « le gros nuage noir et pâteux » et vous saurez ce que c'est.

A présent je vais vous parler de cette partie : la mémoire!

C'est une partie importante pour mon grenier! *Eh oui! Si j'avais la mémoire courte, mon grenier mourrait.* (Un an après, il remplace cette phrase par : **si j'avais la mémoire courte, cette partie marcherait moins bien et serait une sorte de handicap pour le cerveau.**) Cette partie sert au travail et à la partie jeux et des tas d'autres choses encore dont je ne vous ai pas parlé.

Je dois au moins essayer de faire en sorte qu'elle retienne n'importe quoi, enfin ce que je dois ne pas oublier...

LA PARTIE DU JEU

Cette partie est aidée de la partie mémoire pour retenir les jeux. Dans cette partie les jeux, les amusements y sont enregistrés.

Pour moi, la musique aussi est dans la partie du jeu.

Ce livre dans lequel j'écris, je le classe dans la partie jeux et dans la partie de la mémoire pour retenir les idées qui s'envolent souvent très vite. Par exemple quand on a des idées et que soudain le téléphone sonne, on doit le décrocher et parler et c'est alors qu'on oublie ses idées au cours de la conversation. Moi, parfois, en classe, j'ai des idées que je ne veux absolument pas perdre. Au lieu de suivre le cours, je reste avec l'idée et c'est alors que « je suis dans la lune » comme on dit.

La partie jeux qui est aussi la partie imaginaire peut très bien me gêner à l'école. Maman me dit alors le matin :

– Tu fermes le volet et tu te consacres à la partie du travail.

Mais il y a une autre partie dont je ne vous ai pas parlé. Une partie qui intègre tous les souvenirs ou les informations qui ne me sont plus très utiles.

Elle n'est pas du tout aidée de la partie mémoire.

C'est la partie des souvenirs perdus.

LA PARTIE DES SOUVENIRS PERDUS

Quelquefois, les cellules de mon cerveau débordent de souvenirs et d'informations. Il y en a trop. Mon grenier n'est pas d'une grandeur infinie. C'est pour cela que la partie des souvenirs perdus sert. Je prends les souvenirs les moins importants et je les emmène dans cette partie. C'est alors qu'il me sera difficile de m'en rappeler, mais ce n'est pas grave. Ces souvenirs n'étaient pas très importants.

Mais à présent, mes cellules ne débordent plus.

Un an après, il ajoute :

Sans cette partie, les attaques de Noiros seraient beaucoup plus fréquentes.

(Je vous expliquerai plus tard qui est Noiros.)

LE GROS NUAGE NOIR ET PÂTEUX

Je vous ai parlé d'un gros nuage noir et pâteux dans la « partie de la mémoire ». Je vais vous expliquer ce que c'est :

C'est un nuage énorme qui a des tornades, des cyclones, des orages qui dévastent tout !

Un an après, il supprime cette phrase et la remplace par :

C'est un nuage si grand qu'on a l'impression qu'il est de grandeur infinie, il est composé de tornades, de cyclones, d'orages qui peuvent réduire tout à néant.

Avant, mon cerveau a fonctionné autrement. A un moment, il y a eu trop de souvenirs, c'est alors que mon cerveau a débordé. J'ai été obligé de faire appel au gros nuage noir et pâteux. Il s'est écrasé sur mon cerveau et a *tout détruit des souvenirs* (un an après, il remplace par : **a détruit des souvenirs),** a détruit tous les murs. TOUT ! Mais pas tous les souvenirs.

Cela dure très longtemps. Pendant que le nuage est sur mon cerveau, je suis gêné, je n'obtiens pas de très bons résultats à l'école, je suis coléreux... (un an après, il ajoute : **énervé, difficile, découragé, triste, plongé dans un cercueil infini, au plus profond des entrailles de la terre. A chaque dégât causé par le nuage noir, je m'enfonce dans un marécage. Je me rapproche de la mort. J'ai l'impression de décéder.)**

Quand il s'est retiré, mon cerveau est réapparu et j'ai décidé que je serais un grenier.

Vous savez maintenant ce qu'est : « le gros nuage noir et pâteux ».

LA CASE INDESTRUCTIBLE

Au milieu du grenier, il y a une salle entourée de murs très épais et gardée par *des milliards d'Hobélules* (Un an après, il remplace par : **une multitude d'Hobélules.**)

Je peux seul y accéder sans l'autorisation de personne.

Dans cette salle existe un grimoire *avec* (il remplace par : **qui comprend**) des parchemins où *sont écrits tous les fonctionnements* (il remplace par : **où est écrite toute l'histoire de mon cerveau**) et ses anciennes *générations* (il remplace par : **son ancienne organisation**).

Je vous expliquerai ce que sont les anciennes *générations* (remplacé par : **organisation** du cerveau).

Si ce grimoire venait à être détruit, tout mon cerveau mourrait. (Un an après, il ajoute : **et moi avec. On ne vit pas sans cerveau.**) C'est pour ça que je peux seul y entrer sans l'autorisation de personne. Même mes Hobélules doivent me demander l'autorisation. Si je leur dis NON, ils ne peuvent pas rentrer et si je leur dis OUI, ils peuvent rentrer. Si l'un ou l'autre d'entre eux entre sans rien demander ou en considérant le NON comme un OUI, ils sont considérés comme traîtres et même bannis du cerveau. Ou emprisonnés. (Mais ça n'est jamais arrivé.)

(Un an après, il ajoute : **Dans la case indestructible, il y a aussi ma vraie personne, tout mon mental. Si je lui obéissais toujours, je serais quelqu'un de parfait ou presque. C'est comme la bonne conscience. C'est à elle qu'il faut obéir, c'est ses conseils qu'il faut suivre, jamais leurs contraires ! Si je ne lui obéissais jamais je serais un être avec tous ses défauts.**)

LES TROIS PÉRIODES SONT :

LE GRENIER
LES REMPARTS OU LA GUÉRISON
LE GROS NUAGE NOIR ET PÂTEUX

Un an après, il inverse de la façon suivante :

LE GROS NUAGE NOIR ET PÂTEUX
LES REMPARTS OU LA GUÉRISON
LE GRENIER

Au début des temps, régnait partout la noirceur de la nuit et le néant. A peine la lumière se manifestait qu'elle était transpercée d'une lame tranchante et sanglante. L'obscurité régnait, le nuage noir dévasta tout avec ses tornades et ses cyclones ainsi que de puissant éclairs venant s'écraser sur le sol.

Un jour, ma mère *vint écarter le nuage noir et le poussa et le chassa* (un an après, il remplace par : **vint éloigner le nuage noir et le bannit de mon corps**), ce qu'elle voulait faire depuis des années.

C'est ainsi que naquirent les organisations. La première fut les remparts et la deuxième fut le grenier et elle est toujours là, aujourd'hui, le vingt-sept mars dix neuf cent quatre-vingt-quatorze.

Quand j'étais recouvert du nuage noir, je ne voulais plus qu'on m'appelle J..., parce qu'il était mort, enterré dans le cimetière, dans la terre noire, mais maintenant, il est ressuscité.

LES HOBÉLULES

Les Hobélules ne sont pas tous pareils. Certains sont des guerriers, des chevaliers, d'autres des paysans, d'autres des seigneurs et d'autres des gardes. Les gardes, les chevaliers et les guerriers connaissent le maniement des armes en cas de danger et d'attaque si des ennemis s'introduisent dans mon cerveau.. Mais ce n'est pas pareil que l'ancienne organisation de mon cerveau.

Un an après, tout le paragraphe est supprimé et remplacé par :

Les Hobélules ne sont pas tous pareils : Certains sont chargés du rangement du cerveau (les rangeurs).

D'autres sont là pour veiller à la sécurité, en cas de danger. (Vous verrez dans les pages suivantes quels sont les dangers à prévoir dans le cerveau.)

Il y en a qui sont chargés de garder mon cerveau.

Et des Hobélules sont là pour diriger et inspecter, pour veiller à ce qu'il se passe dans le grenier.

L'ANCIENNE ORGANISATION DE MON CERVEAU

Avant mon cerveau était constitué de remparts et de gardes (mais pas des Hobélules). Il y était beaucoup plus difficile d'y rentrer même pour moi qui étais pourtant le propriétaire. Je devais moi-même avoir une autorisation spéciale pour y rentrer !

Un jour, trop de choses et de souvenirs y étaient. (Un an après, il ajoute : **accumulés**.) Le nuage noir arriva et dévasta tout et des souvenirs entiers. Au bout de plusieurs mois ce désastre s'arrêta et je fis de mon cerveau un grenier où je mis les connaissances qui restaient et je créai les Hobélules chargés de défendre le grenier et de ranger le grenier. Ils ont pour mission de s'en occuper le mieux possible. (Un an plus tard, il supprime le passage en italiques qui suit et ne le remplace pas.) *Jusqu'à présent, ils m'ont toujours été fidèles. J'espère bien qu'ils le seront toujours. Les Hobélules ne sont pas tous pareils : certains sont des guerriers (chargés de défendre le grenier), les rangeurs (chargés de ranger et de mettre en ordre le grenier), les gardes (chargés d'aider des chevaliers à défendre le grenier mais aussi chargés de voir s'il y a un problème dans le grenier). S'il y a un problème, ils le signalent immédiatement au capitaine de garde. Si le capitaine ne peut résoudre ce problème, il doit le dire aux chevaliers et si eux ne peuvent pas résoudre le problème, ils le disent au roi. Déjà si les chevaliers ne peuvent pas résoudre un problème, c'est qu'il est vraiment très grave! Si c'est le cas, le roi des Hobélules doit me prévenir car je suis l'empereur du grenier! Jusqu'à présent, j'ai toujours pu résoudre les problèmes qui se présentaient contre mes sujets et moi mais ils ont été très rares. Les problèmes dans lesquels j'ai eu à intervenir sont par exemple : l'approche du nuage noir, une de ses menaces, quelque chose de détruit dans le grenier, la mort d'un Hobélule, des dégâts graves causés par on ne sait qui, je dois alors faire une enquête, etc.*

L'approche du nuage noir s'est *faite* (il remplace par : **s'est produite**) lorsque mes cellules débordaient de connaissances et de souvenirs. Pour sauver mon grenier, j'ai immédiatement donné l'ordre de mettre les souvenirs et les connaissances en trop dans la partie des souvenirs perdus, ainsi le nuage noir s'est éloigné.

Pendant les grandes vacances, le nuage noir s'était installé sur l'ancienne organisation de mon cerveau. Bien que mon fidèle cousin et meilleur ami, Pierre, était là, elle fut détruite, ce qui me rendit très désagréable, *mais je devais l'être pour pouvoir lutter contre Noiros.* (Il supprime cette phrase pour écrire : très désagréable **et de mauvaise humeur**.) Grâce à ma lutte, Noiros ne parvint pas à trancher le lien d'amitié entre Pierre et moi.

Je pus éloigner Noiros à temps et je *fondis* (remplacé par **je bâtis**) l'organisation du grenier.

(Si vous voulez savoir qui est ***Noiros***, rendez-vous à la page suivante.)

L'HABITATION DE NOIROS ET SES CRÉATURES VOUÉES AU MAL

Noiros habite dans les royaumes souterrains, les profondeurs infernales, avec ses créatures qui sont des diables sans pitié. Tout ce qu'ils désirent, c'est que mon cerveau *explose et qu'il n'y ait plus rien après*. (Un an après il supprime cette phrase et la remplace par : **tout ce qu'ils désirent, c'est que mon cerveau soit anéanti.**) Noiros peut très bien envoyer le « singe fou » qui s'installe dans mon cerveau et essaie de me faire faire des *bêtises*. (Il remplace par : **des mauvais actes.**) *Il essaie de me convaincre par exemple de ne pas me faire obéir à mes parents ou de me faire mal travailler à l'école. Des fois, il arrive à convaincre si bien que l'on ne peut pas résister à faire une bêtise.* (Il remplace ce passage par : **C'est lui qui me rend fou, qui me fait rendre la vie des autres et la mienne difficiles, qui entre en moi pour me convaincre de faire des mauvaises choses comme la mauvaise conscience.**) Moi, ce singe fou, je le déteste. Il est même très adroit pour arriver parfois à me convaincre alors que je le *déteste* (remplacé par : **Je le *hais***). Mais lui aussi me déteste puisqu'il est autant contre moi que Noiros et ses créatures. *Mais parfois, mes Hobélules me soutiennent en me disant de ne pas faire ces bêtises* (un an après cette dernière phrase est supprimée).

LES PRISONS DU GRENIER

Les prisons du grenier sont sévèrement gardées. Ce chapitre se réfère à la page de la CASE INDESTRUCTIBLE. Surtout aux deux derniers mots de cette page : « ou emprisonnés ».

Donc, si un Hobélule me trahit, ou je le bannis ou de peur qu'ils se joigne à Noiros, je le jette en prison. *Les prisons sont gardées, verrouillées avec beaucoup de portes blindées. Des pièges mortels, il y en a aussi. Tout est contrôlé.*

(Un an après toute cette phrase est remplacée par : **Il y a aussi des pièges mortels**.) Mais pour les créatures contre moi, je leur réserve le cachot ou pire encore, les oubliettes, ou quand on en sort, on risque de mourir à cause des pièges ou des gardes.

Ou bien, on peut très bien mourir dans les oubliettes quand on est *oublié de tous* (remplacé par : **balayé de la mémoire de tous).** *Et au cachot aussi. Mais en prison, on est nourri.* (Cette dernière phrase est supprimée et non remplacée.)

NOIROS ET LA CASE INDESTRUCTIBLE

Un jour Noiros a pensé que si mon grimoire disparaissait, je n'aurais plus jamais de cerveau. Donc, Noiros essaie toujours de le prendre. Mais jusqu'à présent ni lui, ni ses créatures n'y sont jamais parvenus. *Des milliards d'Hobélules (*remplacé par : **une multitude d'Hobélules)** gardent la case. *Cette case est piégée de partout, dont des pièges mortels.* (Cette phrase est supprimée.) Les créatures du mal ont peu de chances d'y parvenir. Je vous ai dit déjà que personne à part moi ne pouvait y entrer. Jamais une créature de Noiros n'a pu pénétrer dans les couloirs du grenier (à part quelques exceptions).

Ces exceptions sont le « SINGE FOU », créature ayant des pouvoirs et une façon de convaincre incroyables (si vous voulez relire la description du singe fou, rendez-vous deux pages avant) et quelques créatures vite repoussées par mes Hobélules d'avant-garde postées à l'entrée.

Mais le singe fou a déjà réussi à pénétrer dans mon cerveau car il *est plus fort que* (remplacé par : **il a pu résister à**) certains de mes Hobélules mais jamais il n'a pu aller dans la case indestructible.

Dans mon cerveau, il y a une autre partie qui comprend l'amitié et l'amour. Ce sont des parties très importantes qui servent beaucoup pour l'extérieur, la relation avec les autres. Sans ces parties, je serais isolé *de tous*. (Ces deux derniers mots sont remplacés par : ***je serais isolé du monde***.) Avant, j'étais autiste et ces parties, amour et amitié, ne marchaient pas très bien. Dans mon autisme, Noiros avait semé la haine, l'isolement, l'ennui et la solitude.

LA COLÈRE, L'ÉNERVEMENT

La colère et l'énervement, c'est une autre partie du cerveau. Quand par exemple je m'énerve, cette partie fonctionne. *C'est Noiros qui vient en quelque sorte me hanter. Ou le singe fou, ou une autre créature de Noiros.* (Un an après cette phrase est supprimée.)

Si Noiros n'existait pas, il n'y aurait ni colère, ni énervement dans mon cerveau. Quand je m'énerve, c'est Noiros qui a pénétré dans mon cerveau. Mais quand je m'apaise, Noiros est parti.

(Un an après cette phrase est ajoutée : **Ou bien je peux m'énerver quand il y a une bonne raison sans que Noiros intervienne.**)

Aujourd'hui, au moment d'écrire la dernière page, je me sens faible comme après un bal. Quand il est minuit dépassé depuis longtemps. Décidément, il y a beaucoup de citrouilles au potager. J'ai dû tomber vivante dans un drôle de conte. Je ne trouve plus la formule pour en sortir. Ni pour changer les potirons en carrosse. Les rats en chevaux.

Mais peut-être que l'amour se passe de formule...

Ce bleu contre la vitre

sûrement

c'est un peu de ciel.

A Saint-Julien,
novembre 1994-mars 1995.

On trouvera ci-après reproduits en fac-similé quelques passages du cahier de Julien-Hugo.

Le cerveau.

Mon cerveau est un grand grenier vide avec des cellules qui contiennent les connaissances, les mémoires, les souvenirs, les jeux, ect...
Mais je vais vous parler très clairement de tout cela du plus petit au plus gros détail:
voici ce que je vais vous dire:
Mon ~~cer~~ cerveau qui le matin est un grand grenier vide est vide pour laisser rentrer les connaissances que l'on nous enseigne à l'intérieur.
Tous les soirs de veille de classe je fais le ménage dans mon grenier en mettent les connaissan dans les bonnes cellules.
Quand les connaissances et les informations sortent de la bouche de l'enseignant, elles rentrent dans mon cerveau qui est un grenier contenant des milliards de cellules dans les quelles sont entassées les connaissances.
Je ne vous ai pas tout dit;
mon cerveau est divisé en trois parties:
la partie travail, la partie mémoire, et enfin la partie jeux.

Mais, il y a une autre partie dont je ne vous ai pas parlé. Une partie qui intègre tous les souvenirs ou les informations qui ne me sont plus très utiles. Elle n'est pas du tout aidée de la partie mémoire. C'est la partie des souvenirs perdus.

La partie des souvenirs perdus.

Quelquefois, les cellules de mon cerveau débordent de souvenirs et d'informations ; il y en à trops. Mon grenier n'est pas d'une grandeur infinie. C'est pour celà que la partie des souvenirs perdus sert. Je prends les souvenirs les moins important et je les emmène dans ~~[illegible] C'est alors qu'il me me me serai~~ [illegible] cette partie. C'est alors qu'il me serai dificile de m'en rappeler. Ce n'est pas grave, ces souvenirs n'étaient pas très importants.
Mais à présent, mes cellules ne débordent plus.

Le gros nuage noir et pâteux.

Je vous ai parlé d'un gros nuage noir et pâteux dans ce livre dans "la partie de la mémoire".
Je vais vous expliquer ce que c'est comme je vous l'avais dit.
C'est un nuage énorme qui à des tornades, des cyclones, des orages qui devaste tout!
Avant, mon cerveau à fonctonné autrement, à un moment, ~~il y avait trops de souvenirs~~ il y a eu trops de souvenirs, c'est alors que mon cerveau débordait. J'ai été oubligé de faire appelle au gros nuage noire e pâteux. Il s'est écrasé sur ~~mon cerv~~ cerveau et à tout à detruit des souvenir, à détruit tous les murs, TOUT!
Mais pas tout les souvenirs.
Ceci dure très lontemps. Pendant que le nuage est sur mon cerveau, je suis gêner, je n'obtent pas de très bons resultats à l'école, je suis coléreux...
Quand il s'est retiré, mon cerveau est réaparu et j'ai décider que je serai un grantier.
Vous savez maintenant ce qu'est "le gros nuage noir et pâteux".

La case indestructible.

Au milieu du grenier, il y a une salle entourée de murs très épais et gardée par des milliards d'Hobelules. Je peux seul y accéder sans l'autorisation de personne.

Dans cette salle, existe un grimoire avec des parchemins où sont écrits tous les fonctionnements de mon cerveau et ses anciennes générations.

(Je vous expliquerai se que sont les anciennes générations du cerveau.)

Si ce grimoire venait à être détruit, tout mon cerveau mourrait. C'est pour ça que je peux seul y rentrer sans l'autorisation de personne tandis que même mes Hobelules doivent me demander l'autorisation. Si je leurs dit NON, ils ne peuvent pas rentrer et si je leurs dit OUI, ils peuvent rentrer. Si l'un ou l'une d'entre eux entre sans rien demander ou en concidérant le NON comme un OUI, ils sont concidérés comme traîtres et même bannis du cerveau. (Mais ça n'est jamais arrivé.) Ou emprisonnés.

Les Hobélules.

Mes Hobélules ne sont pas tous pareils.
Certains sont des guerriers, des chevaliers, d'autres des paysants, d'autres des seigneurs et d'autres des gardes. Les gardes, les chevaliers et les guerriers connaissent le magnement des armes en cas de danger et d'atage si des ennemis s'introduisent dans mon cerveau. Mais ce n'est pas pareil que l'ancienne organisation de mon cerveau.

L'ancienne organisation de mon cerveau.

Avant, mon cerveau était constitué de remparts et de gardes (mais pas des Hobélules). Il y était beaucoup plus difficile d'y rentrer même pour moi qui était pourtant le propriétaire. Je devais moi même avoir une autorisation spéciale pour y rentrer!
Un jour, trops de choses et de souvenirs y étaient. Le naufrage arriva et dévasta

Un Hobélule
Hugo

Table

Achevé d'imprimer par la
SOCIÉTÉ NOUVELLE FIRMIN-DIDOT
Mesnil-sur-l'Estrée
pour le compte des Éditions Stock
en mai 1995

Imprimé en France
Dépôt légal : Mai 1995
N° d'édition : 8303 – N° d'impression : 30747
54.02.4464.01/1
ISBN : 2-234-04464-2